THE

LEADERSHIP
STORY OF

WISE

MEN
IN

HISTORY

역사속 현자들의

리더십이야기

김영훈 지음 / 김성완 그림

박영story

머 리 말

리더십(Ladership)이란 국가나 집단의 지도자가 그 집단의 목적을 이루고자 하는 의도에서 발휘하는 능력이라고 말할 수 있다. 현대 산업사회는 고도의 기술과 인터넷의 발달로 다양화되었으며, 정치, 경제, 문화 등 각 분야마다 구성원들을 이끌어 주는 리더십을 가진 지도자를 찾고 있다. 특히 다문화의 양상을 보이는 현대사회에서 훌륭한 리더십을 갖춘 지도자에 대한 요청은 끊임없이 제기되고 있다. 그러나 현대 자본주의 사회에서 온전한 인격을 갖춘 지도자는 쉽게 찾아 볼 수 없으며, 또한 훌륭한 지도자를 양성하기 좋은 서적도 그리 흔하지 않다.

리더십에 대하여 기술적인 용어를 정리한 책이나, 성공사례를 담은 책은 많이 있지만, 역사적으로 훌륭한 현자들의 사상과 살았던 삶을 되짚어 보고, 그들이 가졌던 철학을 소개하며 훌륭한 리더십을 교훈하는 책은 그리 많지 않지 않으며, 누구나 읽고 이해하기 쉽게 구성되어 있는 교재를 발견하기 어렵다.

이 책은 세종사이버대학교에서 "역사 속 현자들의 리더십이야기" 과목을 강의하면서 작성된 교안을 바탕으로 만들어진 것이다. 누구나 편하게 읽고, 이해하기 쉽도록 구성하면서 동양 및 서양의 역사 속 훌륭한 현자들의 생애와 사상을 통하여 그들의 철학을 생각해 보고 또한 관계된 글과 그림으로 재미를 더했으며, 그들의 철학을 바탕으로 리더십을 정리해 보았다. 비록 작은 책이지만 훌륭한 현자들의 인격을 다시 생각해 보게 되는 기회가 될 것으로 여긴다. 이 책에 담겨진 그림들과 책 겉표지는 직접 도안하여 그린 것으로, 읽는 데 그치지 않고 보는 즐거움도 있을 것이다.

머 리 말

앞서 말했듯이 누구나 읽기 쉽고 이해하기 편하게 구성되어 있어서 대학 강단의 교재로 사용할 수 있을 뿐만 아니라 고등학교 리더십 혹은 인성교육을 위하여 사용 가능하며, 회사, 단체, 교회 등의 연수 및 수련회 교재로 사용할 수 있다.

끝으로 이 책에 나오는 모든 그림을 그려준 김성완 군과 어려울 때마다 늘 격려를 아끼지 않고 함께해준 Mrs. Sue 그리고 Isaac과 Benjamin 또한 Dr. Chris Kim 가족에게 마음 깊이 감사한다.

2016년 2월
천마산 자락에서
저자　김 영 훈

차 례

제 1 장 교육과 리더십

제 2 장 동양의 리더 공자

제 3 장
동양의 리더 석가

차 례

제 4 장
동양의 리더 노자

제 5 장
동양의 리더 주희

차 례

제 7 장 동양의 리더 영조

차 례

제 **8** 장

서양의 리더 소크라테스

제 **9** 장

서양의 리더 플라톤

제 12 장 서양의 리더 바울

제 13 장 서양의 리더 토마스 아퀴나스

제 1 장

교육과 리더십

생각의 시간 ······································ 진정한 교육이란 무엇인가?

사람들에게 "당신은 왜 교육을 받습니까?"라고 묻는다면 당장 그 답을 하지 못하는 경우가 종종 있게 된다. 교육을 받는 학생들 중 어떤 사람은 "출세를 하기 위하여" 혹은 "돈을 벌기 위하여"라고 대답을 하는 경우가 있으며, "새로운 지식을 얻기 위하여"라고 말하는 경우도 있다. 가르치는 선생님들에게 "왜 학생들을 가르치는 교육을 하고 있습니까?"라고 묻게 되면 갑자기 대답을 하기가 어려울 수 있다. 어떤 선생님들은 돈을 벌기 위한 직업의 개념으로 이야기하거나 혹은 다른 사람들은 지식을 전달하여 사회에 온전히 적응을 할 수 있도록 하기 위하여 가르치는 교육을 한다고 말하기도 한다.

한국어 사전에 나온 정의에 따르면 교육이란 "사회생활에 필요한 지식과 기술을 가르치고 인간의 잠재 능력을 일깨워 훌륭한 자질, 원만한 인격을 갖도록 이끌어 주는 일"이라고 되어 있다. 그러나 시간이 흐르고 시대가 바뀌면서 교육에 대한 정의가 사람마다 다르게 생각되어 왔으며,

진정한 교육의 의미보다는 방편적인 교육의 의미를 더 생각하게 되었다.

오늘날 급변하는 사회현상에서 일어나는 수많은 문제 속에서 교육의 의미를 다시 생각해 보아야 한다. 어떤 이들은 여러 가지 생겨난 사회문제를 황금만능주의와 결합된 인성교육의 부재를 예를 들기도 한다. 그렇다면 현대를 사는 우리들에게 과연 시대와 환경을 초월한 진정한 교육이란 무엇일까?

교육의 개념과 의미

1. 어원으로부터 본 교육의 개념

교육의 의미를 밝히기 위해서 먼저 교육에 대한 어원을 탐색해 보면 그의 뜻을 좀 더 체계적으로 밝힐 수 있으며 교육의 의미를 잘 고찰할 수 있다. 동양에서 교육이란 단어가 처음 등장하는 곳은 『맹자(孟子)』의 「진심(盡心)」장인데, 그것은 다음과 같다.

군자에게는 세 가지 즐거움이 있으나 천하의 왕 노릇을 하는 것은 이것에 포함되지 않는다. 부모가 모두 살아계시며 형제가 무고함이 첫 번째 즐거움이며, 하늘을 우러러 부끄러움이 없고 아래로 사람들에게 부끄럽지 않은 것이 두 번째 즐거움이며, 천하의 영재를 얻어 교육하는 것이 세 번째 즐거움이다(君子有三樂이나 而王天下는 不與存焉이니라 父母具存하고 兄弟無故가 一樂也요, 仰不愧於天하며 俯不怍於人이 二樂也요, 得天下英才하여 而敎育之 三樂也라).

이곳에서 나오는 교육이란 단어를 어원적으로 분해하면 교육은 "敎"와 "育"로 되어 있다. 가르칠 교라는 글자는 '爻본받을 효+子아들 자+卜점복, 막대기+又손수'로 구성이 된다. 이 글자를 풀이하면 부모나 혹은 교사가 본받음을 주기 위하여 손으로 매를 들고 있다는 뜻이며, 이것은 교사가 바람직한 방향을 제시하는 지도나 혹은 편달의 의미를 가진다. 육이란 글자는 '子아들자+肉고기육'로 구성이 된다. 이 글자를 풀이하면 산모가 어린아이를 해산하는 의미를 가지고 있으며, 이것은 아이를 출산하는 산모와 같은 마음으로 교육에 임해야 한다는 뜻이다. 이러한 풀이로부터 교육의 교는 다분히 부성적인 모습이며, 육자는 모성적인 모습이라고 할 수 있다. 즉 교육이란 미성숙한 학생들을 올바른 방향으로 이끌어 주거나, 그들의 내부에 있는 소질을 잘 발달하도록 도움을 주는 것임을 알 수 있다.

서양에서 쓰였던 교육이란 영어단어 education의 어원은 라틴어 educo이며, 이것은 e밖으로+duco꺼내다가 결합된 단어이다. 학생들의 잠재적 가능성을 밖으로 끌어낸다는 뜻으로, 학생들을 바람직한 방향으로 이끌며, 소질을 계발시켜준다는 의미이다. 또한 영어 pedagogy의 어원인 그리스어는 paidagogos이며, 이것은 paidos어린이+agogos이끈다를 결합한 말로, 어린이를 이끌어주는 사람이라는 뜻이다. 이러한 어원의 뜻을 간단하게 분류하면 다음과 같다.

Pedagogy

어원은 그리스어 peidagogos이다. paid소년+agogos돌보다라는 단어의 합성어로, 이 단어의 뜻은 교육학, 교수학, 혹은 교수법이다.

Education

이 단어의 어원은 라틴어 여성형 동사로 educare이며, 단어의 뜻은 어린이나 어린 동물들을 기르다, 양육하다 의뜻으로 사용되었다. 15세기에 처음으로 나타나게 된다.

Learning

고대영어Old English leornung에서부터 유래된 여성동사 leornian은 지식을 얻는 것, 경작되어지는 것의 어원으로, 학습 혹은 학식으로 쓰였으며 12세기 이전에 사용이 되었다고 한다.

2. 교육의 의미

동양문화권인 한국의 고대 언어였던 한자로부터 풀이한 교육의 의미를 살펴보면 다음과 같다.

❶ 교(教) '가르칠 교' 자를 분석해 보면 왼쪽 윗부분은 爻효자로 본래는 '사귀다'는 말이었다. x자가 두개가 아래, 위로 쓰인 모양의 이 글자는 서로 사귄다는 의미를 가지고 있으며, 서로 다른 사물들이 교차하며 관계를 가지고 있는 것을 의미한다. 이것은 인간의 교제, 사물간의 교차, 얽힘, 섞임 등의 관계망을 보여준다. 때문에 교教의 왼쪽 윗부분인 효爻의 의미는 우주 안에서 관계를 맺는 사물의 상황을 표시하고 교教의 왼쪽 아래 부분인 자子는 본래 어린이 혹은 아기를 나타낸다.

설문해자에서 글자의 모양은 아기가 포대기 안에 싸여 있는 형

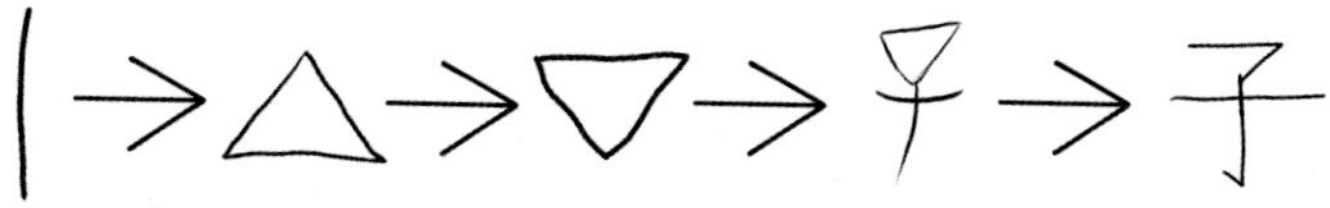

▸ 설문해자에서 子 변천과정

상이다. 위에 세모 모양의 뭉툭한 부분은 아이의 머리를 나타내고 가운데 십자가 모양이 약간 위로 구부러진 것은 어린아이가 두 팔을 위로 쳐든 형상을 나타낸다. 아랫부분은 다리를 본떴는데, 다리가 하나로 보이는 것은 포대기에 싸여 있기 때문이다. 이러한 아기는 아무것도 모르는 몽매蒙昧한 가운데 엄마 포대기에 싸여 있음을 의미한다. 이렇게 볼 때 교敎의 오른쪽 한자의 의미는 복잡하게 얽혀 있는 우주인 이 세상에 한 어린이로 태어나 이 세상과 전면적으로 마주치며, 사람들과의 관계를 형성하는 것을 나타낸다.

또한 오른편에 있는 한자의 어원인 복攴 자는 '살짝 때리다'는 의미를 가지고 있다. 글자 자체의 소리는 복卜을 따랐으나 그 의미는 우又 오른손을 나타낸다. 여기에서 '손으로 때려준다'라는 의미는 매우 상징적이다. 물리적으로 매를 가지고 치는 것이 글자의 본래의 의미이지만 윗사람이 말로 꾸중을 하거나 격려, 위로, 충고 등 다양한 종류의 깨우침이 여기에 포함될 수 있다. 이 말은 외부의 사물과 이야기 등을 통하여 스스로 깨닫게 되는 '자기채찍'의 의미도 될 수 있다.

❷ 육(育) 기르다는 뜻으로 쓰인 육의 아래글자는 크게 저민 고기를 뜻한다. 육肉자의 바깥은 큰 고기 덩이의 모양을 의미하고,

가운데 두 획은 고기의 살점을 의미한다. 이때 육肉자는 여자의 몸으로 이해할 수 있다. 이런 점에서 보면 육肉은 아기를 밴 엄마의 몸 혹은 엄마가 아이를 낳아서 기르는 데 비유할 수 있다. 육肉자 위에 있는 글자는 자子를 거꾸로 한 모습이다. 이러한 모습에 주의를 기울일 필요가 있는데, 육育은 산모의 출산과 관련이 되어 있다는 것이다. 산모가 출산을 할 때 똑바로 있던 아이는 돌아서 머리로부터 엄마 뱃속에서 나오게 되는데, 육育자는 그러한 산모의 출산을 의미한다.

결론적으로 교육教育의 글자모양은 몽매하고 어리석은 인간이 이 세상에 태어나서 사회 속에서 관계망을 형성하고 살아가는 방법을 배우는 것이며, 그 인간에 대해서 스승이 한 손에 회초리를 들고 공부하라는 깨달음을 주며 기르게 한다는 의미로, 스승과 제자의 일련의 상호작용임을 알 수 있게 해준다.

관계된 글과 그림

한자어 중에서 교학상장教學相長이란 말이 있다. 그 뜻은 배우는 사람뿐만 아니라 가르치는 사람도 함께 성장하게 된다는 말이다. 이 말은 『예기(禮記)』의 「학기(學記)」편에 나오는 말이다.

> "雖有嘉肴不食不知其旨也 雖有至道不學不知其善也 是故學然後知不足 教然後知困 知不足然後能自反也 知困然後能自强也 故曰教學相長也"

■ 맛 좋은 안주가 있어도 먹지 않는다면 그 좋은 맛을 알 수 없으며, 최고의 도가 있으나 배우지 않는다면 최고인 줄 모르게 된다. 그렇기에 배우고 알아야 자신의 부족을 깨닫게 되며, 가르친 후에야 자신이 부족하다는 것을 알게 된다. 자신을 비추어 본 후에 스스로 공부하게 되고, 자신이 부족하다는 것을 안 후에 힘쓰게 된다. 고로 말하기를 가르치는 자나 배우는 자 모두 함께 성장하게 된다. ■

이렇기에 교학상장이란 가르치는 선생이나 배우는 학생 모두가 함께 성장하게 된다는 상호관계성의 의미를 함축하고 있다. 불교에서도 이와 비슷하게 서로의 관계성을 의미하는 줄탁동시啐啄同時라는 말이 있다. 줄啐은 달걀이 부화하려 할 때 알 속에서 병아리가 알을 깨기 위한 소리이며, 탁啄이란 어미닭이 그 소리를 감지하고 밖에서 달걀껍질을 쪼아 깨뜨려서 부화를 도와주는 것을 의미한다.

▸ 줄탁동시

고대교육자들 탐구

인류의 기원을 정확히 알 수 없지만 인간의 문명이 발달한 시기를 B.C. 3000년 경으로 추정한다. B.C. 약 7세기 이후에 우리가 현재 많이 알고 있는 동·서양의 철학자, 교육자 그리고 종교 창시자들이 태어난다. 그런데 우연치 않게 동·서양의 훌륭한 철학자이며 교육자들은 비슷한 시기에 활동을 하게 된다. 이러한 중요한 철학자들을 알아보면 다음과 같다.

1. 동양의 철학자

❶ 석가모니(B.C.624?~544?)

석가모니는 지금의 네팔 남부에 있는 샤카족의 중심지인 카필라왕국인 지금의 룸비니 동산에서 태어났다. 석가는 "능하고 어질다"는 뜻이며 모니는 "성자"란 의미를 가진다. 그는 샤카족 국왕의 장남이지만 태자의 직분을 버리고 인간의 고통의 근원을 찾아 출가를 한다. 그는 인간의 삶이 고통이라는 깨달음을 핵심으로 인식하고, 만민에게 자비의 교리를 베푼 불교의 창시자인 종교지도자이며 철학자 그리고 교육자이다.

❷ 노자(B.C.570?~)

중국 고대의 사상가이자 도가의 시조始祖로 알려진 교육자이며 철학자이다. 노자가 살았던 시대는 중국의 가장 혼란기인 춘추전국

시대였다. 그는 이러한 혼란한 시대 속에서 정치지도자들의 정치적인 욕심과 수많은 권력자들의 생사를 경험하면서 만물이 무無 또는 도道에서 나왔다고 생각했다. 그는 세상에서 가장 커다란 지혜란 무위자연無爲自然임을 깨닫고 무위무욕無爲無慾으로 살았던 인물이다.

❸ 공자(B.C.551~469)

중국역사 속에서 교육적, 철학적 그리고 사회적으로 가장 지대한 영향을 끼쳤던 인물 중 한 사람이다. 노자와 비슷하게 중국 혼돈기인 춘추시대에 태어나서 정치의 모범과 제왕의 철학을 자신의 이상으로 여기고, 남을 이해하고 배려하라는 인仁의 사상을 전파하였다. 이것은 인의예지仁義禮智의 근본이 되며 중국과 동양의 전통 종교인 유교를 창시하게 된다. 유교는 중국역사의 근간이 되었고, 우리나라의 유교에도 커다란 파급 효과를 주게 된다.

❹ 주자(A.D.1130~1200)

중국 역사의 중세에서 근세로 넘어오는 지점에 북쪽 송나라북송의 유학자이다. 비록 유학자로서 학문의 길을 걸었지만, 그는 불교와 도교 등 여러 사상을 접하고 심취하게 된다. 그 당시 북송오자주돈이, 소옹, 장재, 정호, 정이라 불리던 유명한 철학자들의 사상을 하나로 집약시키면서 공자가 창시했던 원시유교를 커다란 하나의 철학성리학, 주자학으로 만드는 훌륭한 일을 하게 된다.

❺ 이황 및 이이(1501~1570, 1536~1584)

이 두 사람은 우리나라 성리학의 대표적인 인물이며 철학자이며 훌륭한 교육자이다. 영남학파의 대표로 알려진 퇴계는 30세 초반에 문과에 급제하면서 관계에 발을 들여놓았지만 정치적인 파당싸움을 보면서 자신의 병약함을 이유로 고향으로 내려가 도산서원을 만들고 후학을 가르쳤다. 그가 제창한 이기호발설理氣互發說은 기존의 이기설에 반하는 이론으로 그 당시 학자들 사이에서 많은 반향을 일으켰지만, 조선의 성리학이 사변적으로 발전하는 데 많은 영향을 끼쳤다.

반면 기호학파의 대표라 알려진 율곡은 신사임당의 아들로 아홉 차례의 과거 시험에서 모두 장원을 해서 구도장원공九度壯元公으로 잘 알려진 인물이다. 당대 최고의 석학인 그는 병조판서로 부임한 후 조선과 일본의 정세를 파악하고 10년 후에 일본과의 난을 예상하여 시무육조時務六條를 선조에게 간언하며 십만양병설을 주장한 것은 잘 알려져 있다. 그는 기발이승氣發理乘인 주자의 이기론을 정확히 해석해낸 뛰어난 성리학자이다. 비록 48세의 아까운 나이로 병을 얻어 세상을 떠났지만 우리나라 성리학 발전에 지대한 영향을 끼치게 된다.

2. 서양의 철학자

❶ 소크라테스(B.C.469~399)

소크라테스는 서양의 대표적인 철학자로 알려졌으며, 그리스 아테네에서 태어났다. 그는 그리스 아테네 지역에 있었던 교육을 담당한 소피스트 중 한 사람이다. 그는 피타고라스학파가 믿었던 영혼불멸을 믿었으며, 인간의 모든 악행은 결국 무지無知의 결과로 나타난 것이라고 역설하였다. 자연철학보다는 개인의 영혼에 중요성을 두면서 “너 자신을 알라”는 질문을 하였고, 산파술을 이용하여 인간에 대한 교육의 중요성을 강조한 철학자이다.

❷ 플라톤(B.C.427~347)

플라톤은 소크라테스의 제자로 알려져 있으며, 국가의 이념을 도덕의 실천에 두고 교육을 통한 철인정치의 이상을 꿈꾸었던 고대 그리스의 철학자이자 교육자이다. 그의 스승인 소크라테스가 꿈꿔왔던 철학의 이상을 이어서 모든 진리는 이 세상의 보이는 현실이 아닌 이데아라는 사상을 주장했다. 그는 인간의 감성보다는 이성을 의존해야 윤리적으로 온전한 국가를 이룰 수 있다고 역설하였다.

❸ 아리스토텔레스(B.C.384~322)

플라톤의 제자로 알려져 있는 그는 18세 때 플라톤이 만든 학교인 아카데미아Akademia에 입학하여 수학을 했다. 그의 스승인 플라톤의 이데아 사상이 정신에 치우치는 것에 반대하여 실제론을 주장하였다. 그는 이성과 실제를 분리하는 것이 아니라 현실 속에서 함께 존재한다고 말하였다. 그는 교육의 궁극적인 목표를 행복한 생활을 영위할 수 있는 인간 육성에 두고 있다.

❹ 예수(B.C.4~A.D.33?)

서양의 정신적인 지주 역할을 했던 종교인 기독교Christianity를 창시한 종교지도자이며, 철학자, 그리고 교육자로 알려져 있다. 목수의 아들로 태어난 그는 유대교의 율법적인 형식화에 반대하여 초대 기독교 운동을 시작하였다. 신약성서에서 그가 가르친 교훈은 가난한 자, 약자, 그리고 하층민을 위한 복음福音이었다. 비록 로마권력에 잡혀서 십자가에 처형되었지만 그가 가르친 사랑αγαπη, 아가페의 교리는 아직도 우리들에게 커다란 교훈이 되고 있다.

교육과 리더십

한 국가나 집단의 지도자들은 구성원들을 위해 사는 사람들이다. 이런 지도자들은 자신에게 엄격하고 남에게 희생하려는 정신을 가진 사람들이다. 고대의 현자로 알려진 철학자들은 한 집단과 사람들의 목표를 성취하기 위하여 자신보다는 남을 위하여 살았던 지도자들이다. 이러한 지도자들은 국가나 집단의 구성원들을 리더십을 통하여 인도하고 지도하며 또한 그들을 교육시키며 본을 보였던 사람들이다.

1. 리더십이란

리더십의 사전적 정의는 "무리를 다스리거나 이끌어 가는 지도자로서의 능력"을 뜻한다. 이러한 리더십은 이미 한 사람이 다른 사람에 대한 교육의 기능을 담보하고 있다. 리더십에 대한 여러 학자들의 정의를 알아보면 다음과 같다.

❶ Rauch & Behling "리더십이란 한 집단이 설정한 목표를 달성할 수 있는 여건을 조성하거나 그 목표를 위하여 새로운 비전과 가치관을 유형화시키는 행위"라고 말한다.

❷ Hempbil & Coons "한 집단에서 공유된 목표를 향하여 어떤 활동을 지시하는 행동"을 말한다.

❸ Smircich & Morgan "리더십이란 한 집단 안에 있는 사람에게 자신의 실체를 찾고 자신을 형성해 가도록 도와주는 행위" 라고 말한다.

❹ Drath & Palus "리더십이란 한 집단의 구성원들이 서로를 이해하고 서로 연합하여 함께 협력하게 하는 행위"라고 말한다.

❺ Yuki "리더십이란 한 집단에 있는 다른 사람들에게 무엇을 해야 할지 이해하고 공감하도록 영향을 미치고 공유된 목적을 달성하기 위해 도와주는 행위"를 말한다.

이렇게 리더십에 대한 정의는 각 학자들마다 조금씩 다르지만 공통된 의미는 대부분 한 집단에서 이루어지는 상호관계성이나 그들의 활동을 촉진시키며 인도하는 의도적인 행위임을 알 수 있다.

2. 리더십의 핵심내용

리더십이란 이미 교육적인 행위를 담보하고 있으며, 국가나 혹은 집단의 지도자들은 다음과 같은 핵심 내용을 가지고 리더십을 보여줄 때 더욱 효과적으로 자신들의 지도력을 발휘할 수 있다.

❶ 창의력 창의력이란 어떤 일에 대해서 새로운 생각을 해내는 능력을 말한다. 비록 창의적인 아이디어를 가지고 있다고 해도 그것을 실천에 옮길 수 없다면 아무런 도움이 되지 못하는 것이다. 한 집단의 지도자는 집단의 목표를 위하여 창의적인 발상을 가지고 그것을 그 목표에 맞게 추진할 수 있어야 한다. 그러기 위해서는 늘 스스로 명상과 공부하는 자세를 갖추어야 한다.

❷ 추진력 추진력이란 설정된 어떤 목표를 향하여 밀고 나아가는 힘을 말한다. 만일 한 집단의 리더가 추진력이 약하다면 목표를 향한 추진 과정에서 좋은 결과를 얻기 어렵다. 그렇기 때문에 지도자는 목표를 향한 강력한 추진력을 구성원들에게 인식시켜야 한다. 리더들은 목표점을 향해 가는 과정에서 여러 가지 예상치 못한 문제들에 부딪힐 수 있다. 이럴 때 리더의 추진력은 돋보이게 된다.

❸ 화합력 한 집단의 목표를 달성하기 위해서는 지도자를 중심으로 구성원들 각각 하나가 되어야 그 목표를 잘 이룰 수 있다. 특히 지도자에게 있어서 커다란 조직의 구성원들이 하나로 화합하게

하는 능력이란 상당히 중요하다. 운동경기에서도 서로 화합이 되지 않는 팀은 경기에 나가 승리를 하기 어렵다. 그만큼 화합력은 구성원들을 목표로 이끄는 과정에서 지도자에게 필요한 필수적인 요소이다.

❹ 도덕성 한 집단이나 조직을 이끄는 지도자에게 있어서 도덕성이란 모든 핵심 내용들보다도 중요한 요소가 될 수 있다. 특히 한 집단의 목표를 이루기 위한 과정에서 일어나는 여러 가지 문제들 속에서 올바른 판단을 할 수 있는 도덕성이란 하루아침에 생기는 것이 아니라 오랫동안 수양을 통하여 얻어지는 인격의 모습인 것이다. 구성원들은 지도자의 인격적인 도덕성에 많은 영향을 받을 수 있기에 지도자로서 반드시 갖추어야 할 요소라 할 수 있다.

❺ 이타성 이타성이란 자신의 이익보다는 남을 위한 배려나 관심 등을 말한다. 그렇기에 한 집단을 이끄는 지도자는 구성원 개개인과 관계를 맺어야 된다. 이러한 관계성 속에서 지도자가 구성원들을 이끌 수 있는 가장 효과적인 방법은 각각의 구성원을 향한 관심과 배려이다. 이타성을 소유한 지도자는 항상 남을 배려하는 친절함과 배려심이 몸에 익숙해 있으며, 상대를 존중하는 마음을 가지고 있기에 집단을 이끄는 데 용이하게 된다.

학습문제

01 교육을 표현하는 단어가 아닌 것은 무엇인가?

① Pedagogy ② Education ③ Study ④ Learning

02 서양의 고대 철학자가 아닌 인물을 고르시오.

① 소크라테스 ② 예수 ③ 플라톤 ④ 노자

03 동양의 고대 철학자가 아닌 인물은 누구인가?

① 공자 ② 석가 ③ 플라톤 ④ 노자

04 한국 성리학의 발전에 중요한 역할을 한 인물은?

① 세종 ② 영조 ③ 이황 ④ 조광조

05 중국의 철학자로 공자의 사상을 집대성한 인물은?

① 주돈이 ② 주자 ③ 플라톤 ④ 노자

06 인도의 종교철학자로 불교를 창시한 인물은?

① 주돈이 ② 주자 ③ 석가 ④ 노자

학습문제

07 피타고라스의 영혼불멸설을 믿은 서양의 현자는?

① 아리스토텔레스 ② 예수 ③ 플라톤 ④ 소크라테스

08 리더십의 사전적 정의를 나타낸 것은?

① 한 집단에 강압적인 영향력을 행사하는 지도자

② 한 집단을 감시하는 지도자

③ 무리를 다스리거나 이끌어 가는 지도자

④ 한 집단을 무력행사하는 지도자

09 리더십의 핵심 내용이 아닌 것은?

① 창의력 ② 영향력 ③ 통합력 ④ 이타성

10 배우는 자와 가르치는 자의 상호작용을 나타내는 말은?

① 활연관통 ② 줄탁동시 ③ 이발기승 ④ 내성외왕

참고문헌

권석만(2003). 젊은이를 위한 인간관계 심리학. 서울: 학지사.

김정환 외(2009). 교육학개론. 서울: 박영사.

노상우(1998). 교육의 역사와 사상. 서울: 교육과학사.

다니엘골먼 외(2003). 감성의 리더십. 서울: 청림출판.

데일 카네기(2009). 리더가 알아야 할 31가지 카네기 리더십. 서울: 삼진기획.

박의수(2013). 교육의 역사와 철학. 서울: 동문사.

서재현(2009). 리더십 베이직. 서울: 한경사.

신차균 외(2006). 교육철학 및 교육사의 이해. 서울: 학지사.

오인탁(2003). 파이데이아: 고대 그리스의 교육사상. 서울: 학지사.

이승원 외(2015). 새로쓴 교육학의 이해. 서울: 신정.

이진호(2011). 지도자론. 파주: 한국학술정보(주).

임창희 외(2011). 리더십 이론과 실제. 서울: 비엔엠북스.

주영흠 외(2011). 교육철학 및 교육사. 서울: 신정.

한기언(1988). 한국교육사. 서울: 박영사.

허신외(2015). 단옥재주 설문해자. 금하연 외 역. 서울: 자유문고.

후스토L. 곤잘레스(1991). 기독교사상사(Ⅰ). 이형기 외 역. 서울: 대한예수교 장로회출판국.

Murphy Madonna M.(2006). *The History and Philosophy of Education*. New Jersey: Pearson/Merrill Prentice Hall.

Timothy G. Reagan(2005). No*n-Western Educational Traditions: Alternative Approaches to Educational Thought and Practice*. New Jersey: Lawrence Erlbaum Associates, Inc.

엣센스국어사전(2012). 서울: 민중서림.

제 2 장

동양의 리더 공자

생각의 시간 ······ 춘추전국시대

중국의 춘추 전국시대는 기원전 8세기에서 3세기까지의 혼란기를 이야기한다. 춘추전국시대는 두 시대로 나눌 수 있는데, B.C.770~B.C.403년까지의 기간을 춘추시대라고 하고 이 이후부터 B.C.221년까지 기간을 전국시대라고 한다. B.C.770년에 주나라는 이민족의 침략에 의해서 수도인 호경을 버리고 낙읍(낙양)으로 옮기게 되는데, 이 시기를 동주시대라고 말한다. 주나라는 각 지방의 여러 명의 제후들이 작은 나라를 형성하고 있으며 그 제후들을 연합하여 왕(황제)이 통치하게 된다. 그러나 주나라 왕의 권위는 날로 떨어지게 되고 지방의 제후들은 오히려 더욱 힘을 얻게 된다. 마침내 제후들은 서로 패권을 얻기 위하여 다투게 되는데 그 시대를 춘추시대라고 한다. 또한 전국시대에는 주나라 왕의 권위는 땅에 떨어지게 되고 각 지방의 제후들의 나라는 자기 스스로 왕을 자처하게 되는 시기를 말한다. 전국시대는 춘추시대와는 다르게 제후들끼리 서로가 서로를 죽이는 시대이다. 즉 하나의 왕좌를 위한 패권 다툼이 아니라 제후들이 각각 나라를 이루어 서로 정복을 하던 시대이다.

그렇기 때문에 전국 시대는 춘추시대보다 더욱 혼란스럽고 피를 부르는 전쟁이 난무한 때였다. 그러나 춘추전국 시대는 B.C.403년 진나라 시황제의 통일에 의하여 막을 내리게 된다. 중국의 춘추전국시대에는 인간의 욕심은 극대화되었고 서로 왕이 되기 위해 그리고 나라를 차지하기 위해서 많은 사람들을 죽이는 잔인한 행태들이 나타났다. 과연 인간의 욕심이 어디까지일까? 이것은 돈이 최고의 가치가 되어버린 현대 자본주의 속에서 살아가는 우리들에게 심오한 의미를 던져주고 있다.

공자의 생애

1. 공자의 탄생

중국 춘추시대 초기에는 100~200여 개 정도 제후의 나라들이 있었지만 이후 합병을 하여 강해진 몇 개의 나라로 재편이 된다. 재편된 나라들을 살펴보면 진晋, 초楚, 제齊, 진秦, 오吳, 월越 그 다음으로는 노魯, 송宋, 정鄭, 위衛 등이 있다. 공자는 그리 크지 않은 노나라에서 태어났다. 기원전 551년 노나라 창평향昌平鄕 추읍陬邑이란 곳인데, 이곳은 지금의 산동성 곡부 남쪽 22km 지점이다. 부친 숙량흘과 모친인 안징재는 정식으로 혼인을 하지 않고 공자를 낳았다고 한다. 안징재는 숙량흘의 친구이자 동료 무사였던 안양顔襄의 셋째 딸이었다.

공자 조상들의 계보는 은나라 왕계를 지나서 탕임금에게까지 이르게 된다. 은나라 대를 이은 송나라 왕실이 바로 공자의 조상이 된다. 그의 이름은 구丘이며 자字는 중니仲尼 존칭어는 공부자孔夫子이다. 그의 영어 명칭은 Confucius인데 이것은 공부자의 라틴어식 표기에 따라 지어졌다. 공자는 아버지 숙량흘의 많은 사랑을 받았지만 3살 때 아버지가 세상을 떠나게 되면서 홀어머니 곁에서 성장했으나 17살 때 어머니마저 세상을 떠나게 된다.

2. 공자의 성장과정

공자의 성장과정에서 그 형편은 그리 넉넉하지 않았다. 부친의 재산은 이복누이와 조카에게 상속이 되었고 자신은 재산을 받지 못했다. 또한 어머니마저 눈을 잃게 되어 가정 경제형편은 더욱 어려워졌다. 이러한 공자의 환경 때문에 그는 어려서부터 힘들고 거친 일을 하면서 성장하여 불우한 청소년기를 보내게 된다. 공자의 키는 매우 커서 9척6촌약 180cm 정도로 꺽다리라고 불렸다는 이야기가 전해져 내려온다. 또한 머리 위쪽이 움푹 들어갔기 때문에 그의 이름을 구라고 불리었는데, 이러한 생김새는 그 당시 보통 사람들의 형상은 아니었다. 그가 처음 학문에 호기심을 가지게 된 일이 있는데 그것은 다음과 같다.

15세 때 노나라의 권력자였던 숙손씨의 집안 아이들과 가까이 지내면서 숙손씨 집에 쌓여있던 책을 빌려볼 수 있게 되었는데, 바로 배우기를 좋아하는 공자에게 학문에 뜻을 품을 수 있는 기회가 찾아왔던 것이다. 그는 19세 때 송나라의 병관씨의 딸과 혼인 하였고, 20

세에 아들 리를 얻었다. 비록 공자는 불우하게 자랐지만 긍정적인 마음으로 성실하게 살며 그의 훌륭한 능력과 인품을 얻게 되는데, 사생아였던 공자는 자신이 숙량흘의 귀족 출신 자손임을 인정받고 싶었던 것이 훌륭한 인품으로 성장케 하는 동기가 되었는지 모른다.

3. 공자의 학문과 정치

공자에게는 특별한 선생이 없었고, 그가 만나는 모든 사람에게서 배웠다고 한다. 30세 때에 스스로 정식 서당을 열어서 후학들을 가르치게 된다. 그 이후에 약 20년 정도 교육에 헌신하다가 51세 때에 중도재라는 관리직을 얻게 되는데, 이 직분은 우리나라 도지사 정도의 직급이다. 52세에는 사구의 직분을 그리고 54세 때는 대사구로 등용이 되는데, 이것은 외교와 법을 다스리는 중요한 직책이었다. 그러나 이즈음에 노나라의 실권자들은 이웃나라의 미인계에 빠져서 정치를 돌보지 않고 향락을 누리게 된다. 이것을 본 공자는 55세 때에 노나라를 떠나 천하를 돌아다니며 자신의 재능을 인정하여 등용해 줄 나라의 군주를 찾지만, 찾지 못하고 68세에 고국인 노나라로 다시 돌아오게 된다.

이후에 공자는 제자들을 가르치는 교육에 매진하게 된다. 69세에는 아들 리가 죽고, 70세에는 수제자인 안회가 죽고, 72세 때에는 자로가 세상을 떠나게 되고, 이윽고 공자는 73세에 자신의 파란만장한 삶을 마감하게 된다.

4. 공자의 제자

공자의 제자는 수천 명으로 알려져 있고 이르기에는 너무 많지만, 주요제자로는 『논어』의 공문십철孔門十哲로 알려진 10명이 있다. 공자가 가장 사랑했던 안회顔回, 민손閔損, 염경冉耕, 재여宰予, 중궁이라 칭한 염옹冉雍, 자공으로 불렸던 단목사端木賜, 흔히 염유라 불리던 염구冉求, 자로 혹은 계로라고 칭한 중유仲由, 자유子游라 했던 언언言偃, 자하子夏로 알려진 복상卜商이 있다. 그 외에 다른 주요 제자들을 열거하면 다음과 같다. 유약有若, 증삼曾參, 전손사顓孫師, 복부제宓不齊, 원헌原憲, 공야장公冶長, 공서적公西赤, 칠조개漆雕開, 고시高柴, 남궁괄南宮括 등도 학문에 뛰어난 인물들이다.

관계된 글과 그림

공자의 작품으로 알려진 『논어』 위정爲政편에서 공자는 다음과 같이 인생을 회고한다.

吾十有五而志于學	나는 15세가 되어서 학문에 뜻을 두었으며: 지학(志學)
三十而立	30세가 되어서 자신을 확립하였으며: 이립(而立)
四十而不惑	40세가 되어서 미혹됨이 없었으며: 불혹(不惑)
五十而知天命	50세가 되어서 하늘의 뜻을 알게 되었으며: 지천명(知天命)

六十而耳順	60세가 되어서 귀로 듣는 것은 모두 그 이치를 알 수 있게 되었으며: 이순(耳順)
七十而從心所欲 不踰矩	70세가 되어서는 마음에 하고 싶은 대로 행하여도 도(道)에서 벗어나지 않게 되었다: 종심(從心)

공자가 술회한 50세의 지천명이란 스스로 하늘의 뜻을 알아 천지만물에 부여한 원리를 알게 되었다는 말이다. 이것은 50세가 되면서 성인聖人의 경지에 이르렀음을 뜻한다.

다음은 공자의 수제자로 알려진 안회와의 일화 중 하나이다. 일화 속에서 나온 안회를 보면서 처음에 의심을 하다가 자신보다 더 깊은 속내를 가진 안회의 행동에 감탄하며 자신을 부끄러워했다는 이야기이다.

■ 노나라에서 쫓겨난 공자와 제자들은 전국을 유랑하며 다녔다. 어느 날 양식이 없어서 여러 날 굶고 있었는데, 자로가 먹을 쌀을 조금 구해 왔다. 그 쌀을 받아 안회(顔回)는 밥을 지었다. 공자는 밥을 먹을 생각에 들떠 있었다고 한다. 그런데 밥이 되어가고 있는 것을 보니 안회가 주걱으로 한 숟갈을 먹었다. 공자는 '어떻게 스승이 먹기 전에 먼저 먹을 수 있을까?'라고 속으로 생각을 하며, '안회도 다른 제자와 다를 것이 없구나!'라고 생각을 했다. 안회가 밥을 가지고 오자 공자는 꾀를 내어서 "안회야, 내가 꿈에서 아버지를 만났는데, 밥이 되면 조상님께 먼저 올리라고 하셨다"는 말을 건넸다고 한다. 이에 안회는 죄송하다 울면서 말하기를 "밥을 짓다가 천장에서 흙먼지가 떨어져 밥에 들어가서 스승님께 드릴 수는 없고, 귀한 밥을 버릴 수도 없어서 살짝 걷어 제가 먹었습니다." 이때 공자는 미안한 마음을 가지고 울면서 "안회야 미안하다 내

▸ 공자와 안회

가 내 눈과 생각만 믿고 너를 의심하였구나!"라고 했다.

공자는 옹야(雍也) 장에서 다음과 같이 말한다. "안회는 그 마음이 3개월 동안 인을 떠나지 않았고, 그 나머지 사람들은 하루나 한 달에 한 번 인에 이를 뿐이다." ■

공자의 철학과 그의 사상

공자의 사상을 한 가지로 표현하기는 어렵다. 그는 자신의 학문 생활의 정점을 유교의 가장 중요한 원리인 수기치인修己治人을 통한 치국평천하治國平天下에 목표를 두었으며 이 목표를 달성하기 위한 기본원리를 의義와 예禮를 갖춘 덕德에서 찾았던 것을 알 수 있다. 또한 그는 이러한 원리들을 통합할 수 있는 도덕 윤리적인 가장 커다란 덕인 인의 사상을 주창하였다.

1. 인(仁)의 역사

중국 고대의 역사는 그 시기를 측정하기가 어렵다. 비록 요순시대堯舜時代 이전에 삼황오제 시대가 존재하기는 하지만 그 시대의 유물이나 증거품이 발견되지 않기 때문이다. B.C.20세기경 요순시대의 요堯는 명군으로 중국역사상 가장 평화롭고 안정된 시기였다. 이후 천자였던 순이 우禹에게 천하를 물려주었고 우에 의해 B.C.12세기경에 하夏왕조가 세워졌고, 그 이후에 은殷나라 그리고 주周나라가 뒤를 잇게 된다. 하나라 때에 인이란 원래 상제上帝의 개념이었다. 상제란 인간과 관계없는 신적인 존재였다. 이 상제의 개념은 후대에 내려와서 천天의 개념으로 바뀌게 된다. 천은 상제보다 인간과 더욱 밀접한 관계가 있는 개념이다. 공자는 천의 개념과 이전에 있던 인의 의미를 자신의 철학으로 만들어 새로운 인의 개념을 확립하게 된다. 이러한 인의 개념은 공자에 의해서 인간이 실천해야 할 가장 큰 덕목으로 자리 잡게 된다.

2. 인의 의미

중심 사상인 인에 대해서 공자는 하나의 의미로 이야기 하지 않는다. 그와 제자들의 어록이 담긴 『논어』에서 그는 제자들과 대화 속에서 인에 대한 물음에 대답을 주게 된다. 그는 인의 의미를 이야기할 때 제자들의 처한 환경에 따라 다양한 용어들을 사용하게 되는데, 몇 가지 알아보면 다음과 같다. 효孝, 예禮, 충忠, 서恕, 공恭, 경敬, 애인愛人, 신信, 혜惠 등이다. 『논어』에 나오는 인의 기록 중에서 중요한 기록을 소개하면 다음과 같다.

이인(里仁)

공자가 말하되, "오직 인한 자라야 편견 없이 어떤 사람을 좋아할 수 있고 미워할 수 있다(子曰: "唯仁者能好人, 能惡人)."
공자가 말하되, "진실로 인한 마음을 가지면 악한 마음이 없어진다(子曰: 苟志於仁矣, 無惡也)."

옹야(雍也)

번지가 공자에게 묻되, 인이란 무엇입니까? 공자가 대답하되, 인이란 어려운 일을 성취하는 데 앞장서고 그 얻는 것은 부차적인 것으로 여기는 것이다(樊遲 問仁. 曰: 仁者先難而後獲, 可謂仁矣).

술이(述而)

자공이 공자에게 묻되, 백이와 숙제는 어떤 사람입니까? 공자가 대답하되, 옛날 어진 사람들이다. 자신들의 절개를 지키다 굶어죽게 된 자신들의 운명을 원망했습니까? 가로되, 인을 추구하다가 인을 얻은 것인데 원망할 것이 무엇이 있겠느냐(子貢曰: 諾; 吾將問之. 入, 曰: 伯夷 叔齊何人也? 曰: 古之賢人也. 曰: 怨乎? 曰: 求仁而得仁, 又何怨? 出, 曰: 夫子不爲也).
공자가 말하되, 인이 멀리 있는가? 내가 인을 하려고 하면 인은 먼저 찾아오는 것이다(子曰: 仁遠乎哉? 我欲仁. 斯仁至矣).

안연(顔淵)

안연이 인에 대하여 묻자, 공자는 이렇게 대답했다. "자기 욕심을 극복하고 예(禮)로 돌아가는 것이 인이다. 하루라도 자기의 욕심을 극복하고 예로 돌아가게 되면 온 천하가 인에 따르게 될 것이다(顏淵問仁. 子曰: 克己復禮爲仁. 一日克己復禮. 天下歸仁焉. 爲仁由己. 而由人乎哉. 一日克己復禮. 天下歸仁焉). 이 말은 자신의 사사로운 욕심을 버리고 예를 갖추는 것이 인이며, 그 인을 실천하는 것이 남이 아닌 자기 자신에게서부터라는 것을 알려주고 있다.

중궁이 공자에게 "인이란 무엇입니까?"라고 묻자 문 밖을 나서면 큰 손님을 접대하듯 하고, 백성에게 일을 시킬 때는 큰 제사를 받들 듯하는 것이다. 내가 원하지 않는 것을 남에게 시키지 말아야 한다(仲弓問仁. 子曰: 出門如見大賓, 使民如承大祭. 己所不欲, 勿施於人).

번지가 공자에게 묻되. 인이란 무엇입니까? 공자가 대답했다. 사람을 사랑하는 것이다(樊遲問仁. 子曰: 愛人).

자로(子路)

번지가 공자에게 묻되, 인이란 무엇입니까? 평소 생활은 공손하게 하며, 업무 처리는 경건하게, 사람을 대할 때는 충성스럽게 하는 것이다. 그러면 무도한 야만스런 나라에게도 버림받지 않을 것이다(樊遲問仁. 子曰: 居處恭, 執事敬, 與人忠. 雖之夷狄, 不可棄也).

헌문(憲問)

공자가 말하되, 군자의 도는 세 가지가 있는데, 나는 잘하는 것이 하나도 없다. 인한 사람은 근심하지 않고, 지혜로운 사람은 미혹되지 않으며, 용감한 사람은 두려워하지 않는다. 자공이 말하되, 이것이 선생님이 가고 있는 길입니다(子曰: 君子道者三. 我無能焉. 仁者不憂, 知者不惑, 勇者不懼. 子貢曰: 夫子自道也).

위령공(衛靈公)

공자가 말하되. "옳은 뜻을 가지고 있는 자와 인한 사람은 자신이 살기 위해서 인을 해하지 않으며, 죽을지라도 인을 이루어 낸다(子曰: 志士仁人, 無求生以害仁, 有殺身以成仁).

양화(陽貨)

자장이 공자에게 묻되, 인이란 무엇입니까? 천하에서 다섯 가지를 행할 수 있으면 인이다. 그 다섯 가지가 무엇입니까? 공손함, 관대함, 믿음, 민첩함, 은혜로움이다. 공손하면 업신여김을 당하지 않고, 관대하면 민심을 얻게 되고, 믿음이 있으면 남의 신임을 받으며, 민첩하면 공을 세우고 되며, 은혜로우면 남을 부릴 수 있게 되는 것이다(子張問仁於孔子. 孔子曰: "能行五者於天下爲仁矣. 請問之. 曰: 恭, 寬, 信, 敏, 惠. 恭則不侮, 寬則得衆, 信則人任焉, 敏則有功, 惠則足以使人).

위에서 알아본 공자의 인이란 한 가지로 말하기는 곤란하지만 극기복례나 살신성인 같은 표현에서 짐작할 수 있듯이 자기를 완전히 버려야만 인을 이룰 수 있게 되며 이러한 인은 모든 덕목 중에 최고의 덕이며 완전한 덕이다.

3. 대학(大學)에서 공자의 철학

대학은 공자가 창시한 유교의 중요한 4가지 책인 사서四書 - 논어, 맹자, 중용, 대학 중의 하나이다. 특히 대학은 유교의 초등 교육을 담당하는 소학과 어우러지며 고등 교육을 담당하는 책으로 알려져 있고, 한 나라의 지도자를 교육시키기 위한 책으로 알려져 있다. 또한 백성들을 다스리는 한 나라의 왕이 성인聖人의 경지에 이르게 하는데 기본이 되는 교훈적인 책으로 알려져 있다.

❶ 세 가지 강령

명명덕(明明德) 명덕이란 하늘이 인간에게 준 내면에 간직되어 있는 본래부터의 밝은 덕을 말하는데, 인의예지仁義禮智 같은 리理를 이야기한다. 이러한 명덕은 인간의 욕심과 기품氣品에 의해 가려져 있다. 그렇기에 명명덕이란 마치 거울에 먼지가 쌓여 뿌옇게 된 것을 닦아내는 행위와 같은 것이다. 즉 본래의 선한 본성을 찾기 위하여 회복을 하는 것을 말한다.

신민(新民) 대학고본大學古本에서는 원래 친민親民으로 되어 있으나, 정이와 주희는 신민이 옳다고 주장한 이후 양명학자 외에 신민을 따른다. 신민은 '백성을 새롭게 한다'는 의미를 가진다. 하늘로부터 받은 선한 본성을 회복한 후에 자신뿐만 아니라 다른 사람도 새롭게 해야 함을 의미한다. 즉 내 주위의 사람들이 물욕과 기품에 가려져 있는 것을 측은히 여기고 그들을 새롭게 이끌어 주는 것을 의미한다.

지어지선(止於至善) 한자어를 풀이하면 '지극한 선에 머문다'는 것을 의미한다. 선에 머문다는 표현은 나의 생각과 행동이 항상 최고의 선을 향하고 있음을 말한다. 이는 공자가 말한 최고의 덕목인 인에 늘 머무는 것을 말한다.

❷ 여덟 가지 조목

격물(格物) 사물에 이치를 연구하여 파고들어 도달한다.

치지(致知) 사물의 이치를 연구한 후에 깨달음에 이르다.

성의(誠意) 마음의 바로잡는 것이다. 마음의 발하는 바를 진실하게 하고, 속임이 없게 하며 뜻을 성실히 한다.

정심(正心) 마음속에 미움, 우환, 두려움 등으로 흔들리지 아니하고 마음을 바르게 한다.

수신(修身) 마음이 원하는 감정대로 따라가는 것이 아니라 자신의 소소한 편애와 욕심을 버리는 것을 말한다.

제가(齊家) 내 몸을 잘 다스린 후에야 집안을 가지런히 할 수 있게 된다.

치국(治國) 이후에 덕과 인으로 나라를 다스리다.

평천하(平天下) 천하를 평화롭고 고르게 한다.

교육자로서 공자의 리더십

유교의 기본원리를 이야기하면 수기치인修己治人을 통하여 인을 이루어 내는 것이다. 수기치인의 수기란 자신을 닦는다는 의미이다. 여기서 자신이란 자신의 몸과 마음을 뜻한다. 즉 여러 가지 현실에서의 욕심과 탐욕을 멀리하고 인을 구현하기 위하여 정도正道를 가는 것을 의미한다. 또한 치인이란 남을 다스린다는 의미이다. 남을 다스린다는 의미에서 지도자의 리더십의 의미가 내포되어 있다.

1. 성찰과 자기혁신의 리더십

대학의 삼강령과 팔조목의 모습은 치국평천하를 위한 끊임없는 자기 성찰과 자기 혁신을 대한 의미가 내포되어 있다. 또한 유교의 중심 사상인 수기치인의 의미도 부단히 자기를 새롭게 하는 과정인 것이다. 명덕에서 덕의 글자의 뜻은 직심, 곧은 마음 혹은 바른 마음을 뜻한다. 이러한 바른 마음이란 자신의 사사로운 욕심을 내려놓았다는 말이다. 공자는 한 집단을 이끄는 지도자의 리더십에 대해서 명명덕 즉 착한 마음, 사심과 욕심이 없는 마음을 이야기한다. 이러한 사심 없는 마음이란 항상 자신을 원래의 깨끗한 리理와 같은 모습을 위해 성찰하며 계속된 자기혁신의 결과인 것이다.

2. 배려의 리더십

앞에서 알아본 공자의 중심철학인 인의 근본원리는 사람과 사람사이의 관계에서 이루어진다. 올바름을 향하여 욕심 없이 정의와 예의를 바탕으로 나보다 남을 배려하는 것이야 말로 인의 모습이 될 수 있다. 공자는 한 집단이나 나라를 다스리는 지도자에게 꼭 필요한 부분이 인을 이루는 것이며, 이 모습은 바로 배려의 지도력임을 알 수 있다. 삼강령 중에 지어지선이란 가장 선한 곳에 계속해서 머무는 것을 이야기한다. 즉 지도자는 남을 배려하는 최고의 덕목인 인을 구현해야 하는 것이며, 계속해서 남을 배려하는 것에 머무는 모습을 가져야 하는 것이다.

학습문제

01 공자가 태어난 나라는?

① 송나라 ② 노나라 ③ 추나라 ④ 오나라

02 공자의 제자가 아닌 인물을 고르시오.

① 안회 ② 자손 ③ 공야장 ④ 주유

03 공자가 3개월 동안 인(仁)을 행했다고 칭송한 인물은?

① 자공 ② 자손 ③ 안회 ④ 주유

04 인(仁)의 다른 모습이 아닌 것은?

① 효 ② 예 ③ 충 ④ 성

05 공자가 이야기한 50세에 하늘의 뜻을 알게 되었던 것을 뜻하는 한자어는?

① 이순 ② 지천명 ③ 불혹 ④ 입지

06 『대학』의 삼강령이 아닌 것은?

① 명명덕 ② 신민 ③ 정심 ④ 지어지선

학습문제

07 중국 주나라 때 제후들이 패권을 다투며 서로 왕이 되기 위해 다툼을 벌이던 시대는 무엇인가?

① 춘추시대 ② 전국시대 ③ 은의시대 ④ 혼란시대

08 유교의 기본원리가 아닌 것은?

① 성기성물 ② 내성외왕 ③ 활연내통 ④ 수기치인

09 대학의 여덟 가지 조목이 아닌 것은?

① 격물 ② 치지 ③ 불혹 ④ 정심

10 공자의 리더십이 아닌 것은 무엇인가?

① 배려 ② 자존심 ③ 착한 마음 ④ 가르침

참고문헌

김철운(2005). 공자와 유가. 경기: 서광사.

김학주(2003). 공자의 생애와 사상. 서울: 명문당.

나오키 가노(1991). 중국철학사. 오이환 역. 서울: 을서문화사.

도오손, R.(1993). 공자. 김용헌 역. 서울: 지성의 샘.

宋朱熹(1995). 四書集注(甲種本). 臺北: 世界書房.

시세키 카이즈카(1991). 공자 생애와 사상. 박연호 역. 서울: 서광사.

신창호(2004). 수기, 유가 교육의 핵심. 서울: 원미사.

윤사순 외(1992). 공자사상의 발견. 서울: 민음사.

윤홍식(2005). 대학 인간의 길을 열다. 서울: 봉황동래.

이명기(1987). 인의 연구. 서울: 양서원.

정종(1980). 공자의 교육사상. 서울: 집문당.

차주환(1998). 공자. 서울: 솔출판사.

馮友蘭(1999). 중국철학사(상). 박성규 역. 서울: 까치.

카이즈카 시게키(1991). 공자 생애와 사상. 박연호 역. 서울: 서광사.

크릴, H. G.(1997). 공자 인간과 신화. 이성규 역. 서울: 지식산업사.

탕런룽(2006). 공자 사람을 말하다. 이은미 역. 서울L 에버리치홀딩스.

한국공자학회(1986). 공자사상과 현대. 서울: 도서출판 학사연.

戶川芳郎 외(1990). 유교사. 조서을 외 역. 서울: 이론과 실천.

Confucius(1935). *The Chinese Classics.* Ed. James Legge. London: Oxford University Press.

Confucius(1998). *The Analects of Confucius.* Tr. Roger, T.M. & Henry, R. New York: Ballantine Book.

제 3 장

동양의 리더 석가

생각의 시간 ·· 보시(布施)의 교훈

대승불교 용어에 보시라는 말이 있다. 보시란 실천수행 방법 중 베풀어 주는 것을 의미한다. 이것은 수행자 자신이 깨달음을 얻는 과정과 세상의 중생들을 구제해 준다는 것에 근거를 두고 있다. 불교에서는 인간이 인생의 의미를 깨달았을 때 알게 되는 근원적인 지혜를 나타내는 반야(般若)에 근거하지 않는다면 올바른 보시가 행해지지 않는다고 여긴다. 반야에 근거한 보시는 인간의 이성을 바탕으로 한 분별을 초월하여 이루어지는 것을 말한다. 아무런 대가를 바라지 않고 행하는 최고의 보시를 무주상보시(無住相布施)라고 하는데, 이것은 의식 없이 마음속에 보시를 했다는 것을 말한다. 사찰에서는 본인 스스로 깨달음을 얻는 것 그리고 성불을 이루는 과정 속에서 보시의 개념이 확대된다. 어려운 환경에 처한 사람들을 도와주고, 여러 사람들이 이용하는 공공부문인 축대를 쌓는 일, 우물을 만드는 일, 병자에게 의약품을 주거나 더 나아가 삶에 필요한 음식을 조달하는 일까지 넓은 범위로 확대된다.

이러한 보시는 크게 이종시(二種施), 삼시(三施), 사시, 팔종시 등으로 분류되는데, 우리나라에서는 삼시설을 채택하고 있다. 이 삼시를 알아보면 다음과 같다. 첫째, 재보시가 있는데, 이것은 다른 사람이 필요한 재물이나 음식 등을 얻게 하는 것으로, 누구든 재물을 구하는 사람이 있으면 능력에 따라 재물을 베풀고, 탐욕의 생각을 버리고 음식을 구하러 온 사람으로 하여금 얻게끔 하는 것이다. 둘째로 법보시이다. 이것은 부처님 말씀을 사람들에게 알리는 것으로, 중생이 진리를 구하러 오면, 명예나 존경을 받기 위해서가 아니라 그 사람의 이익과 구제를 위하여 부처님의 말씀을 전달해 주는 것을 의미한다. 셋째로, 무외보시는 다른 사람의 두려움을 없애주는 것을 말하며, 중생이 어려운 일을 당하여 공포 혹은 위험 앞에 있을 때 그 어려움 속에서 구출해 주어 평화를 베풀어 주는 것을 말한다.

이렇게 훌륭한 의미를 지니고 있는 보시는 현대인들이 살아가면서 우리 이웃들과 어떤 관계성을 가져야 하는지 많은 의미를 가져다주는 것임을 알 수 있다.

석가의 생애

1. 석가의 탄생

불교의 창시자라고 알려진 석가모니의 약칭은 불佛. 불타佛駄·부타浮陀·부도浮屠·부두浮頭라고도 한다. 한국에서는 예로부터 부처라고 하였다. 이를 의역하면 깨달은 사람 혹은 만물을 환히 들여다

보듯 아는 자라는 뜻이다. 보통 석가釋迦·석가문釋迦文이라고도 하고 일반적으로 석가세존釋迦世尊, 혹은 이를 줄여서 석존이나 세존이라고 하는데, 석가란 Śākya의 음역으로 그가 태어난 종족의 이름이며, 모니는 muni의 음역으로 성인聖人이라는 의미를 가진다. 그는 현재의 네팔 남부와 인도의 국경부근인 히말라야산 근처인 카필라성을 중심으로 거주하는 샤키야족의 작은 나라에서 왕인 슈도다나와 마야부인 사이에서 태어나게 된다. 그의 어머니인 마야부인은 출산이 가까워짐에 따라 당시의 관습대로 친정에서 해산하기 위해 고향으로 가던 도중 룸비니 동산에서 석가를 낳게 된다. 석가의 성姓은 고타마Gotama였고, 출가 전 태자시절의 이름은 싯다르타Siddhārtha였다. 마야부인은 그를 낳고 7일 만에 세상을 떠났고, 이모인 마하파라야파티가 그를 양육했다. 전설에 따르면 불타가 태어났을 때, 히말라야산에서 아시타라는 선인仙人이 찾아와 아기 불타를 보고, "집에 있어 왕위를 계승하면 전 세계를 통일하는 전륜성왕轉輪聖王이 될 것이며, 만약 출가하면 반드시 중생을 구원 할 불타가 될 것"이라고 예언하였다고 한다. 그래서 그의 부모는 이러한 예언이 계속 마음에 남아 기억이 지워지지 않아서 혹시나 출가를 할까 염려가 되어 왕궁 밖을 나가는 것에 많은 관심을 기울였다고 한다. 또한 그가 성인이 되었을 때 출가하지 않고 왕위를 계승할 수 있도록 배려를 아끼지 않았다고 전해진다.

2. 석가의 성장과 출가

석가는 어려서부터 총명해서 문학, 과학, 천문학 등 왕자로서 배워야 할 학문과 브라만교의 성전인 4베다에 능했으며, 왕족의 교양에 필요한 학문과 기예를 배우며 성장하게 된다. 그러나 그는 매우 사색적이어서 아버지인 슈도다나는 석가가 태어날 때 들었던 예언에 대해 늘 걱정을 했다. 부왕인 슈도다나는 그가 16세가 되었을 때 출가를 못하도록 서둘러 이웃나라 코리성 성주의 딸인 야쇼다라와 결혼을 시키게 되고, 라훌라라는 아들을 낳게 된다. 이후 그는 왕궁에서의 편안한 생활을 하게 된다. 그러나 그는 인생의 밑바닥에 잠겨 있는 괴로움의 문제와 직면하게 된다. 즉 인간의 생사병로生老病死와 괴로움에 대해서 고민하게 된다. 어느 날 그는 왕궁의 성 밖을 나가서 나이 많은 노인들을 보고, 병든 가족을 보며 슬퍼하고 죽음의 이별에 통곡하는 사람들을 경험하면서, 인생의 무상과 고뇌를 사색하게 된다. 이런 가운데 출가하여 수행하는 한 스님을 만나게 되는데, 그 스님의 얼굴에서 자연스럽게 나오는 편안한 얼굴 표정을 보고 마침내 29세 때 인간의 고통의 본질을 추구하며 해탈解脫을 구하고자 자신의 모든 것을 버리고 출가를 한다. 출가 후에 그는 남쪽으로 내려가 선정禪定을 배웠는데, 그것은 일종의 정신통일에 의하여 하늘에서 다시 태어나는 것이었지만, 그것으로는 생사의 괴로움을 해탈할 수 없다고 깨닫고 거기에서 떠나게 된다.

3. 석가의 출가 후 생활

인도는 B.C. 15세기부터 있었던 브라만교바라문교가 형식화되어 타락하였고, 정치 경제적으로 상업이 발달하여 기존 사회체계에 변화가 일어나기 시작하였다. 종교 사상적으로는 브라만교의 사상을 부정하는 새로운 사상과 종교들이 나오고 있었던 시대였다. 이때 출가한 석가는 머리를 깎고 걸식을 하면서 자신의 스승이 될 사람을 찾아 다녔다. 그는 갠지스강변의 선인 2명을 찾아가 선정을 배웠으나 마음에 흡족함을 느끼지 못하고 다시 가야라는 고장의 산림에서 고행을 시작하였다. 고행을 할 때 그의 선생들은 다음과 같다. 바르가바Bhārgava, 아라다칼라마Arāda-kalama, 우드라카라마푸트라Udraka-Ramaputra 등이다. 이후 석가는 당시의 출가자의 풍습이었던 고행苦行인 극단적인 금식에 6년여 동안 전념하여, 신체가 해골처럼 되었다. 그러나 그는 고행만으로는 해탈을 얻을 수 없음을 깨닫고, 지친 몸과 마음을 가누기 위해 산림에서 나온 그는 마을 소녀가 주는 젖죽을 받아먹고 체력을 회복한 다음 부다가야Buddha-gāyā의 우루빌라그라마Uruvilā-gramā 마을 근처의 보리수菩提樹 밑에 앉아 명상을 한 지 7일 만에 대오각성大悟覺醒하고 깨달음을 얻고 붓다가 되었는데, 이 깨달음을 정각正覺: abhisambodhi이라고 한다. 그는 진리를 깨달아 진리와 일체가 되어 확고부동하게 되었는데, 이것은 마음이 번뇌의 속박에서 해방된 상태이기 때문에 해탈解脫:moka이라고 하며, 이 해탈한 마음에 의하여 깨우쳐진 진리를 열반涅槃:nirvāa이라고 한다. 그는 29세에 출가, 6년 수행 끝에 성불한 나이가 35세이며 그 후 장장 45년에 걸쳐 포교활동을 하였고 80세에 열반에 들었다.

관계된 글과 그림

달마(Bodhidharma, 達磨)

■ 우리나라 불교의 효시가 되었던 중국 선종(宣宗)의 출발은 달마 스님과 얽혀져 있다. 달마는 남인도 향지국(香至國-일설에는 페르시아) 이견왕(異見王)의 셋째 왕자로 태어나 27조 반야다라 존자에게 법을 배워 대승불교에 능통하고 선(禪)에 통달했다. 520년경 달마는 양무제 때에 중국으로 와서 양무제와 만났으나 아직 불법을 펼 때가 아니라고 생각하여 북위(北魏)의 낙양(洛陽)에 이르러 동쪽의 소림사(少林寺)로 가게 된다. 그곳에서 그는 9년간 면벽좌선(面壁坐禪)하게 된다. 그 후 달마는 사람의 마음은 본래 마음속의 영원한 리(理)를 깨달아야 한다고 하고 이 선법(禪法)을 혜가(慧可)에게 전수한다. 혜가는 이것을 승찬에게, 승찬은 도신에게, 도신은 홍인에게, 홍인은 혜능에게 전수한다. 혜능의 제자인 남악회양과 청원행사는 10세기경 한국에서 온 선사들에게 선종을 설파했고, 한국으로 돌아온 선사들은 구산선문을 통하여 한국 선종의 효시가 되고 그 후에 선종은 조계종으로 전수된다. ■

▸ 달마스님

윤회설(輪廻說)

■ 불교의 최고의 경지는 수행자들이 열반에 이르는 것이다. 열반에 이르지 못한 중생들, 곧 모든 존재들은 태어나고 죽는 생사를 되풀이하고 있다. 이것은 마치 하루 해가 뜨고 지는 일이 반복되면서 시간이 이어지는 것과 같다. 하루하루가 세월이 되듯이 생사가 교차되면서 무한한 윤회가 이루어진다. 불교의 수행의 목적은 윤회에서 벗어나 해탈(解脫, moksa)에 이르는 것을 말한다. 윤회설에 있어서 특징적인 것은 윤회 속에서 자신의 업(業, karma)에 따라 다르게 태어난다는 것이다. 예를 들면 사람이 죽어 짐승이 될 수도 있고, 짐승이 죽어 사람으로 태어날 수도 있다. 이렇게 이전에 있었던 상태를 전생(轉生)이라 한다. 업은 몸을 입고 있는 자가 어떻게 행위를 하느냐에 따라 달라지는데, 예를 들어 전생의 그 행위가 윤리 도덕적으로 좋으면 선업이 되고 악하면 악업이 된다. 이 행위는 인연에 의해서 일어나게 되며 과보(果報)가 뒤따라오게 된다. 다시 말해서 콩 심은 데 콩 나고 팥 심은 데 팥이 난다는 것이다. 수행자는 이 업을 소멸하기 위하여 참선과 선행 및 보시를 행하게 되면서 마침내 해탈의 세계로 들어가게 된다. ■

▸ 석가모니

석가의 철학과 그의 사상

석가가 창시한 불교의 중심사상은 연기설, 사성제 및 삼법인으로 구분할 수 있다. 연기설은 자연의 천지만물은 모든 것이 다른 것과의 관계, 즉 인연으로 인하여 생겨난다는 뜻이다. 사성제란 연기법에 의해 생긴 고통이 인간이 가지고 있는 욕심을 버리면 사라지고 올바른 수행생활로 열반과 해탈에 이를 수 있다는 불교 중심적인 진리이다. 삼법인도 불교의 중심 사상으로 모든 존재가 가지고 있는 세 가지 특성인 '무상, 무아, 고'를 말한다.

1. 연기설

이 세상의 만물은 홀로 존재하는 것 같지만 자세히 들여다보면 그물망처럼 얽혀 있다. 불타인 석가모니는 이 세상의 모든 사물은 모두 인연이 화합해서 이루어진 것이며 인과관계를 일으키는 것이라고 말하였다. 즉 인생의 고통, 생명, 운명 등은 자기가 원인을 만들고 자신이 결과를 받는다는 것이다. 이러한 연기설은 12마디의 고리로 설명을 한다. 이 12개의 부분은 계속 결과를 일으키기 때문에 원인이라고 불리며, 서로 조건이 되기 때문에 인연이라고도 일컬어진다. 석가는 모든 존재의 기원에 대해 흙地, 물水, 불火, 바람風의 네 가지 요소가 서로 화합하여 하나의 물질을 이룬다고 보았다. 그리고 여기에 느낌受, 생각想, 작용行, 식별識의 네 가지 요소가 합쳐져서 자연의 모든 존재가 형성이 된다고 한다. 십이연기설은 무명無明, 즉 어리석음으로부터 늙음老, 죽음死, 걱정憂, 슬픔悲, 괴로움苦 등의 여러 가지 고통이 생기며, 어리석음에서 벗어남으로 이러한 고통을 극복할 수 있다고 본다. 십이연기설의 열두 개의 지분支分을 알아보면 다음과 같다.

❶ 무명(無明) 실체가 아닌 것을 실체로 착각하는 어리석음을 말하며 이것으로부터 모든 번뇌가 시작이 된다.

❷ 행(行) 모든 존재의 업(業)을 가리킨다. 중생은 전생에 짓는 이 업에 따라서 여러 가지 형태로 다시 태어난다.

❸ 식(識) 존재들의 사물을 알게 되는 인식작용으로 의식(意識), 안식(眼識), 이식(耳識), 비식(鼻識), 설식(舌識), 신식(身識) 등 6식이다.

❹ 명색(名色) 식이 주관적인 것을 말하는 것에 반해 명색은 객관적인 면을 말한다. 이러한 명색은 육입으로 나타난다.

❺ 육입(六入) 눈(眼), 코(鼻), 귀(耳), 혀(舌), 몸(身), 마음(心)의 6가지 감각기관을 칭한다.

❻ 촉(觸) 존재의 지각을 알게 되는 일종의 심적인 작용을 말한다. 이러한 촉에는 6가지 눈, 귀, 코, 혀, 몸, 마음 등이 있으며, 촉

을 근거로 해서 수(受)가 생긴다.

❼ 수(受) 촉으로 생기는 감각과 감정을 받아들이는 작용을 말한다. 수를 근거로 해서 애(愛)가 생긴다.

❽ 애(愛) 인간의 본능적이고 충동적인 욕망을 말한다. 애를 근거로 해서 취(取)가 생긴다.

❾ 취(取) 존재인 인간이 여러 가지 감각적인 것과 욕심의 작용으로 얻은 것을 합치는 작용을 말한다. 취를 근거로 해서 유(有)가 생긴다.

❿ 유(有) 유는 애와 취를 조건으로 해서 생기는 존재들의 모든 업이다. 유를 근거로 해서 생(生)이 생긴다.

⓫ 생(生) 존재들이 발이 되었다는 의미로, 생(生)을 근거로 해서 늙고 죽는 것의 고통이 찾아온다.

⓬ 노사우비뇌고(老死憂悲惱苦) 생을 통하여 존재들은 늙고, 죽고, 걱정하고, 슬퍼하고, 괴로워하는 일들이 생기게 된다.

2. 삼법인(三法印)

불교의 근본 교리 중 하나로, 그 의미는 세 가지 진리라는 뜻이다. 제행무상諸行無常, 제법무아諸法無我, 열반적정涅槃寂靜을 말한다. 여기에서 삼법인은 영원히 변하지 않는 진리를 나타낸다.

❶ 제행무상(諸行無常) 인간들이 바라보는 물질과 마음의 현상은 모두 한정이 있으며 변화하는 것인데, 사람들은 이것을 영원한 것으로 착각하기 때문에 이러한 생각을 바로잡기 위하여 무상하다고 말한다.

❷ 제법무아(諸法無我) 우주만물은 모두 인연으로 만들어진 것인데도 사람들은 자신에 대한 그릇된 집착으로 인하여 괴로워하기 때문에 그것을 바로잡기 위하여 무아라고 말한다.

❸ 열반적정(涅槃寂靜) 인간의 모든 생사윤회의 고통에서 벗어난 열반의 세계를 말한다.

3. 팔정도(八正道)

불교에서는 사성제四聖諦를 바탕으로 한 수행의 방법으로 팔정도를 제시한다. 사성제란 모든 인간에게 존재하는 것으로 첫째로 고통을 의미하는 고苦, Duhkha, 고통의 원인을 의미하는 집集, Samudaya,

고통의 소멸을 나타내는 멸滅, Nirodha, 고통을 없애는 방법인 도道, Marga를 말한다. 석가는 세상의 모든 괴로움을 없애기 위하여 수행이 필요하다고 한다. 이러한 고통에는 8가지가 있는데, 그것을 열거하면 다음과 같다.

첫째로 탄생의 고통을 나타내는 생고(生苦)
둘째로 나이 들어 늙어가는 고통을 나타내는 노고(老苦)
셋째로 병 때문에 나타나는 고통인 병고(病苦)
넷째로 죽음으로 인한 고통인 사고(死苦)
다섯째로 사랑하는 사람과 헤어지는 고통인 애별리고(愛別離苦)
여섯째로 미워하는 사람을 만나는 원증회고(怨憎會苦)
일곱째로 가지고 싶은 것을 못 가지게 되는 고통인 구불득고(求不得苦)
여덟째로 욕망 때문에 오는 오음성고(五陰盛苦)

이러한 고통에 대해 수행을 하는 8가지 올바른 길을 팔정도라고 한다.

① 바른 견해 – 인간의 고통의 설명인 사성제의 올바른 이해를 말한다.
② 바른 사유 – 욕망과 사사로운 생각을 없애버린 것을 말한다.
③ 바른 말 – 거짓말, 이간질, 욕설, 등을 삼가는 것이다.
④ 바른 행위 – 살인, 도둑질 등을 하지 않는 것을 말한다.
⑤ 바른 생활 – 점성술, 마술, 예언 등을 하지 않는 것을 말한다.
⑥ 바른 수행 – 나쁜 생각을 미리 막는 것을 말한다.
⑦ 바른 정신 – 마음을 한곳으로 모으는 것을 말한다.
⑧ 바른 정신통일 – 명상에 열중하는 것을 말한다.

4. 불교의 깨달음과 수행

석가가 말하고 있는 현실은 참이 아니며, 진실과 다른 세계 속에서 인간은 괴로워하며 윤회를 하게 된다. 또한 이 세계에서 인간이 경험하는 괴로움의 원인은 그릇된 행위에 있으며, 또한 그릇된 행위는 자기 자신과 세계의 참 모습을 올바로 알지 못하는 정신적 미혹에서 비롯된다. 그렇기 때문에 불교란 자기 자신과 세계의 참 모습을 잘 알게 하려는 깨달음의 종교이다.

돈오(頓悟) 불교의 깨달음은 마음에서 시작되어 마음에서 이루어진다. 마음의 깨달음, 마음공부, 그것은 끊임없는 수행 및 자기 조절과 해탈의 과정을 거치게 된다. 그런데 인간의 자아 각성은 직관적으로, 비약적으로 이루어진다고 한다. 이 말은 수행을 하다가 혹은 일상에서 생활을 하다가 갑자기 깨달음이 오게 된다는 뜻이다. 이것을 불교에서는 돈오라고 한다.

점수(漸修) 수행자나 일만 사람들이 불교의 깨달음인 돈오를 했다고 그들의 삶의 모든 문제가 없어져 버리는 것이 아니다. 따라서 돈오를 경험한 이후에 계속해서 끊임없이 수양을 통해 점차 자신에게 굴레처럼 작용했던 인연의 고통들을 하나씩 없애가는 수행인 점수가 필요한 것이다. 이 점수는 불교적 관점에서 교육적인 행위로 볼 수 있으며, 인간의 깨달음, 내면적 자각을 전제로 한 문화 지식의 전수라고 말할 수 있다.

석가의 리더십

석가가 남겨 준 진리의 종교인 불교에서 수행의 기본원리는 연기법을 바탕으로 한 돈오점수頓悟漸修이다. 돈오점수의 돈오란 순간적인 깨달음을 뜻한다. 만일 한 국가나 집단을 이끄는 지도자가 무엇을 하든지 깨달음이 없으면 자신이 정한 것을 이룰 수가 없다. 또한 무엇을 알아도 행하지 않으면 아무런 소득이 없게 된다. 이러한 의미에서 지도자들은 돈오점수의 리더십을 가져야 한다.

1. 깨달음의 리더십

불교에서는 깨달음, 즉 자아의 각성을 매우 중시한다. 인간이 사는 인연의 세계는 모두 고통이며 번뇌의 세계이다. 그러기에 불교에서의 지도자는 늘 돈오라는 깨달음 속에 살아야 한다. 이러한 돈오의 깨달음을 통하여 한 집단을 이끄는 지도자란 맨 처음 간직했던 사심 없는 마음을 가지고 일을 추진하게 될 때 그 일의 목표를 이룰 수 있게 된다. 지도자는 매 순간마다 그리고 일의 과정 속에서 초심을 잃지 않는 깨달음 그리고 마지막 순간까지 자신의 각성을 통하여 한 집단의 목표를 이루어 나가야 하는 것이 중요하다. 만일 지도자가 처음 가졌던 마음가짐이 흐트러진다면 목표를 이루기가 어렵게 된다. 그러기에 늘 초심을 잃지 않는 깨달음이 지도자로서 중요한 요소인 것이다.

2. 실천의 리더십

불교에서 말하는 점수란 이미 실천을 담보한 수행의 과정이다. 수행자가 행하는 점수의 모습이란 끊임없는 자신과의 싸움인 수양을 통하여 자신을 버리며 불교의 최고 목표인 열반을 향한 과정이다. 이와 마찬가지로 한 집단을 이끄는 지도자란 목표를 위하여 끝없는 자신과의 싸움을 하며 개인적인 사사로운 욕심을 버려야 한다. 이러한 모습은 한 지도자가 혁신적인 마음이나 혹은 진보적인 생각을 행동에 옮기는 것을 이야기한다. 만일 지도자가 깨달음은 있지만 실천이 담보되지 않는다면 그것은 지도력을 효과적으로 발휘할 수 없게 된다. 그러한 지도력은 마치 한쪽 팔을 잃은 새에 불과할 것이다. 그렇기에 깨달음과 실천을 담보한 지도자야말로 이 시대에서 요청하는 지도자의 모습인 것이다.

학습문제

01 석가가 태어난 나라는?

① 인도 ② 네팔 ③ 파키스탄 ④ 중국

02 석가가 출가했던 나이는?

① 19세 ② 29세 ③ 25세 ④ 35세

03 석가가 머무르며 수행하여 열반에 이르렀던 식물 이름은?

① 자작나무 ② 보리수 ③ 갈대 ④ 상록수

04 불교의 교리로 다시 태어나 고뇌를 경험하게 하는 것은?

① 삼법인 ② 팔정도 ③ 윤회설 ④ 천당설

05 인도의 불제자로 중국에 가서 불도를 전한 사람은?

① 혜능 ② 혜시 ③ 달인 ④ 달마

06 달마의 후계자가 아닌 사람은?

① 혜가 ② 홍인 ③ 승보 ④ 혜능

학습문제

07 팔정도와 다른 부분은?

① 바른 견해 ② 바른 수행 ③ 바른 자세 ④ 바른 정신

08 삼법인이 아닌 것은?

① 제행무상 ② 제법무아 ③ 팔정도 ④ 열반적정

09 불교의 기본원리가 아닌 것은?

① 연기법 ② 윤회설 ③ 삼법인 ④ 수기치인

10 석가의 리더십 중 잘못된 것은 무엇인가?

① 깨달음 ② 가르침 ③ 점수 ④ 돈오

참고문헌

곽철한(2014). 불교의 모든 것. 서울: 행성출판사.
금자대영(1993). 불교교리 개론. 서울: 불교시대사.
김한융(1990). 불교의 사상과 역사. 서울: 우리출판사.
김행선(2010). 초기 경전에 나타나는 석가모니의 생애와 사상. 서울: 선인.
길희성(1999). 오늘에 풀어보는 동양사상. 서울: 철학과 현실사.
금강대불교문화연구소(2006). 불교의 이해. 서울: 무수.
대한불교조계종 포교원(2012). 불교개론. 서울: 조계종출판사.
대한불교조계종 포교원(2011). 불교입문. 서울: 조계종출판사.
마쓰타니 후미오(2001). 불교개론. 이원섭 역. 서울: 현암사.
신창호(2015). 교육철학 및 교육사. 서울: 박영스토리.
우에다 요시부미(1989). 대승불교의 사상. 박태원 역. 서울: 민족사.
이기영(1998). 불교개론강의 상·하. 서울: 한국불교연구원.
이기영(1999). 석가. 서울: 한국불교연구원.
와다나베 쇼코(2010). 불타 석가모니. 법정 역. 서울: 문학의 숲.
장휘옥(1994). 불교학 개론 강의실. 서울: 장승.
전관응(1973). 성불: 석가모니의 일대기. 서울: 대광출판사.
정병조(1997). 불교강좌. 서울: 민족사.
조박초(2000). 문답으로 풀어보는 불교입문. 순천: 불일출판사.
칼야스퍼스(1981). 소크라테스 불타 공자 예수. 황필호 역. 서울: 종로서적.
한자경(2003). 불교철학의 전개, 인도에서 한국까지. 서울: 예문서원.

제 4 장

동양의 리더 노자

생각의 시간 ·· 조삼모사의 교훈

중국의 고사성어로 알려진 조삼모사(朝三暮四)는 기원전 4세기경 중국 초기 전국시대 학자인 열자(列子)의 작품으로 알려진 『열자(列子)』 제2편「황제」에 나온다. 줄거리는 다음과 같다. 송(宋)나라에 저공(狙公)이라는 사람이 있었다. 저(狙)는 원숭이를 뜻하는데, 이름에서 추측할 수 있듯이 그는 상당히 많은 수의 원숭이를 기르고 있었다. 그런데 그는 원숭이를 너무 좋아하여 가족이 먹어야 할 식량까지 먼저 원숭이들에게 주었다고 한다. 원숭이들은 이런 그를 상당히 좋아하고 따랐다고 한다. 그러나 그가 기르는 원숭이들의 숫자가 너무 많아서 가지고 있는 식량이 점점 줄어들었고, 생활도 어려워졌다고 한다. 그는 할 수 없이 원숭이에게 줄 먹이를 줄이기로 마음먹었지만 원숭이들이 싫어할까봐 곰곰이 생각하다가 원숭이들에게 다음과 같이 이야기를 했다고 한다. 양식이 부족하여 너희에게 주는 도토리를 아침에 세 개, 저녁에 네 개(朝三暮四)씩 줄려고 하는데 어떻겠느냐? 그러자 원숭이들은 모두 똑같이 화를

> 내었다고 한다. 그는 그 말을 듣고 원숭이들이 아침에 도토리 세 개로는 배가 고프다는 불만을 알게 되었다. 그래서 그는 원숭이들에게 도토리를 아침에 네 개, 저녁에 세 개(朝四暮三)씩 줄 것이라고 말했다. 그러자 원숭이들은 모두 기뻐했다고 한다. 사실 원숭이들이 받는 도토리의 숫자는 똑같지만 아침과 저녁에 받는 도토리의 개수 차이로 불만을 하게 되었다는 것이다. 이것은 인간이 처한 환경에 대해서 어떠한 마음가짐을 하느냐에 따라서 만족과 불만족이 온다는 교훈인 것이다.

노자의 생애

1. 노자의 탄생과 전설

도교의 창시자라고 여겨지는 노자는 중국의 고대 혼란기였던 춘추시대에 태어났던 중국의 고대철학자이다. 그의 생애에 대한 주된 정보는 사마천司馬遷이 쓴 『사기』의 「노자전(老子傳)」이다. 그는 춘추시대 중기부터 전국시대 초기까지 살았는데, 그 시기를 추정하면 대략 기원전 570년부터 479년 사이가 된다. 공자가 살았던 시대와 비슷하게 노자가 살았던 시대도 계급질서, 생산관계, 천명天命에 대한 사상 등이 가장 밑바탕부터 통째로 변하던 혼란의 시대였다. 중국 한漢나라 때 사마천이라는 역사학자가 쓴 『사기』에 의하면 604년 9월 14일 초楚나라 고현苦縣 여향厲鄉 곡인리曲仁里에서 한 여인이 오얏나무에 기대어 한 아이를 낳게 된다. 이 장소는 지금 중국의 하

▸ **노자**

남성河南省 녹읍鹿邑이다. 노자의 성은 이李씨고 이름은 이耳이며 자는 담聃이다. 이 아이는 다름 아닌 신과 같은 위인이 될 운명이 있었기 때문에 그의 출생 상황은 평범하지 않았다고 한다. 그의 어머니가 떨어지는 별을 찬미한 뒤 62년간을 임신해 있었고, 상당히 오랜 세월 동안 태내에 있었으므로 태어나자마자 말을 할 수 있었다고 한다. 그는 태어나자마자 주위의 오얏나무를 가리키면서 나는 이 나무를 따서 내 성姓을 짓겠다고 하였고, 그는 오얏나무에다 그의 큰 귀를 상징하는 이름을 붙여 자기 이름을 이이李耳라고 하였다. 그러나 그의 머리의 색깔은 벌써 백설같이 희었기 때문에 사람들은 노자老子, 즉 늙은 소년이라 불렀다고 한다. 그가 죽은 뒤 사람들은 그를 노담老聃이라고도 하였는데, 담이란 귀가 넓적하고 축 처져서 귓바퀴가 없다는 뜻이다.

2. 노자의 행적

어떤 기록에 보면 유교의 창시자인 공자가 노자를 찾아가 예禮를 물었다고 하는데, 이것으로부터 노자는 공자보다는 대략 열 살 혹은 스무 살 정도 나이가 더 많았던 것으로 추측할 수 있다. 그는 주나라에서 왕실의 장서고를 기록하는 수장실사로서 40년간 있었다고 하며, 이때 공자를 만나 충고를 했다고 전해진다. 그에 대한 그 밖의 행적에 대해서는 기록에 남아있지 않다. 무슨 이유가 있었는지는 확실하지 않지만 그는 주나라를 떠나야 했고, 주나라 국경을 넘으면서 국경지기에게 전해주었던 내용이 『도덕경』이라는 책으로 남았다고 한다. 그의 아들은 종宗이며 군인이라고 알려져 있으며, 은간殷干이라는 영지에 봉해졌다. 그는 주나라를 떠난 후에 인도로 가서 불교인들을 교화했다고 전해지지만 확실하지 않다. 그와 그 아들의 경력을 보면 권력을 누렸던 집안이었을 가능성이 있다. 그가 200세를 살았다고 전해지지만 정확히 아는 사람은 없다고 한다.

관계된 글과 그림

『장자』의 「소요유(逍遙遊)」편에 보면 다음과 같은 이야기가 있다. 북해北海의 끝에는 곤鯤이라는 큰 물고기가 살고 있는데 그 크기가 몇 천리가 되는지 알지 못한다. 그 곤이 변화되어서 붕鵬이라는

▸ **붕새**

새가 되었다고 한다. 붕새는 몇 천 리가 되는지 알지 못할 정도로 크며, 이 붕새가 한 번 날개를 탁 하고 쳐서 솟아오르면, 그 날개는 하늘을 덮어버리고, 날갯짓을 하면 바다가 출렁거릴 태풍이 일어나는데, 단번에 북해 끝에서 남해의 끝까지 날아간다고 한다. 붕새는 더 넓은 남쪽 바다로 가기 위해 한 번 바닷물을 차올리는데 3천리나 되는 회오리바람을 일으키며 9만 리를 여섯 달 동안 쉬지 않고 난 후에야 비로소 그 날개를 한 번 접고 쉰다고 한다. 장자가 이러한 붕새의 이야기를 한 것은 작은 것에 사사로이 욕심을 부리며 연연해하는 인간의 모습을 풍자하는 뜻에서 적었음을 추측할 수 있다. 즉 세속世俗의 상식을 뛰어넘어 무한한 자유의 세계에 도달하는 위대한 자의 풍모를 말하려던 것이다. 작은 것에 연연하여 욕심을 부리는 인간들에 대한 풍자로 볼 때 우리들에게 많은 것을 생각하게 한다.

노자의 철학과 그의 사상

노자의 철학과 사상적인 집약은 도교의 경전으로 알려진 『도덕경』에 잘 나타나 있다. 사실 학자들 사이에서는 도덕경의 저자와 연대 등 여러 가지에 대하여 문제점을 이야기한다. 또한 도덕경은 짧은 기간이 아닌 오랜 기간 동안 여러 명의 사람들에 의해 이루어진 작품으로 여겨진다. 그러나 이러한 많은 문제점과 분분한 의견에도 불구하고 『도덕경』에 흐르고 있는 주요 사상은 계속해서 일관성을 유지해 오고 있다.

1. 도(道)

❶ 우주 만물의 근원, 자연의 법칙 노자는 우주의 생성과 활동을 '도'라는 개념으로 설명한다. 그가 제시한 '도'란 하나의 법칙이라고 할 수 있다. 그는 우주를 생성하고 유지하는 것은 하나의 도, 즉 법칙에 의해 만들어지는 것이라고 말한다. 그렇기에 '도'란 볼 수 있는 존재가 아니다. 커다란 우주는 무에서부터 유가 생겨 존재하며, 이러한 우주 안에 있는 자연법칙은 스스로 그렇게 되는 것이다. 자연이란 '스스로 그러함self-so'이라는 형용사적 의미이며, 우주가 유지되는 것은 '도'라는 법칙에 의해 스스로 그렇게 된다는 의미이다. 즉 커다란 우주가 아무런 문제없이 조용히 흐르게 되는 것은 어떠한 강력한 간섭에 의해서 되는 것이 아니라 스스로 자연스러운 도에 의해서 그렇게 되는 것이다.

❷ 노자가 말한 도는 인간의 언어로 표현할 수 없고 이름을 지을 수 없다. 나무를 생각해 볼 때, 나무가 자라고 잎이 무성해지고, 꽃이 피고, 열매가 맺고, 낙엽이 떨어져 썩어서 다시 새순이 나는 것은 인간이 인위적으로 해서 그렇게 되는 것이 아니라 우주의 법칙인 도에 의해서 스스로 그렇게 되는 것이다. 그런데 사람들이 보기에는 그런 법칙이 아무것도 하지 않는 것 같지만 쉬지 않고 생성, 소멸하고 있으니 노자가 말한 도는 보이지는 않지만 천지만물을 움직이게 하는 법칙임을 알 수 있다. 그렇기에 '도'란 인간의 언어로 표현할 수 없으며 이름 지을 수도 없다.

❸ **상선약수(上善若水)** 노자가 말한 도에 가장 가까운 성질은 물이다. 물의 성질을 알아보면 다음과 같다. 물은 높은 곳에 있지 아니하고 낮은 곳에 모여들게 되는 것처럼 도를 갖춘 사람은 겸손히 낮은 곳에 있게 된다. 원래의 물은 투명하고 맑은데, 이와 같이 도덕을 갖춘 사람은 모든 것이 비어 고요하다. 물이 만물에게 이익을 베풀 듯이 도덕을 갖춘 사람은 사람들에게 널리 베풀지만 보답은 바라지 않는다. 물에 모습을 비춰보면 그 모습 그대로 비추듯이 도덕을 갖춘 사람의 말은 진실되고 거짓이 없다. 물의 성질은 유약하여 상황에 따라 그 모습을 변화시키게 되는데, 사람들도 이를 본받아 다투지 않는다면 만물을 이롭게 하고 겸손해 할 줄 아는 효과를 거두게 되므로 도에 가까워질 수 있다.

2. 무위자연(無爲自然)

❶ 노자가 창시한 도가철학의 중심사상으로, 인간의 힘과 술수 그리고 조작과 생각이 들어가지 않은 자연스러운 상태인 저절로 그러한 것을 말한다. 무위는 유위有爲나 혹은 인위人爲의 반대의 의미를 담고 있는데, 인간의 지적인 교만과 오만을 통하여 나타나는 오류 등의 행위를 부정하는 개념이다. 노자는 천지만물을 움직이는 도를 따르고 지키는 것이 덕의 근본임을 말한다. 따라서 도덕을 갖춘 군자는 천지만물의 법칙처럼 무위를 실천해야 한다. 그런데 그것은 결코 아무것도 하지 않는 것이 아니라 정한 이치대로 움직이는 상태를 말한다. 또한 그가 말하는 자연이란 물리세계의 자연이나 서양 철학의 자연주의를 말하는 것이 아니다. 자연이란 스스로 그러하고, 어떠한 것에도 의존하지 않고 스스로 움직이는 법칙을 말한다. 도가에서는 인위적으로 무엇인가를 하려고 하는 것이 아니라 무위와 자연을 도덕의 기준으로 삼고 자연의 순리를 따르는 삶을 추구한다. 즉 인위적으로 인간적인 생각으로 무리해서 무엇을 하거나 얻으려고 하지 않고 순리를 따르는 삶이 무위자연이다.

❷ 원래 인간의 본성이란 자연 그대로의 소박하고 순수한 덕성이다. 사실 공자는 인간의 본성을 순선하다고 생각했다. 왜냐하면 인간이 하늘의 품성을 본받았다고 보았기 때문이다. 이렇듯이 공자는 하늘을 하나의 인격체로서 보았다. 그러나 노자는 하늘을 그냥 자연체로서만 보았고, 어떤 인격도 들어가 있지 않다고 보았다. 인

간은 단지 자연의 법칙에 순응하여 사는 것을 강조하게 된다. 그것이 무위자연 바로 그것이다. 즉 꾸미지 않고 자연그대로 살라는 의미이다.

❸ 노자는 우리가 사는 인간사회가 혼탁한 이유가 인간의 인위적 규범과 제도 때문이라고 말하고 있다. 그는 그 해결책으로 무위자연無爲自然을 이야기한다. 그 말뜻은 억지로 함이 없이 저절로 그러함이다. 이러한 무위자연의 이상사회란 정치지도자의 무위의 정치이며 백성들이 무욕의 삶으로 살아가는 것이야 말로 어지럽고 어두운 이 사회가 아름답게 만들어지는 무위자연의 모습이다.

3. 도덕경의 교훈

❶ 持而盈之 不如其已 以銳之 不可長保 金玉滿堂 莫之能守 富貴而驕 自遺基咎 功遂身退 天之道 (제9장)

넘치도록 가득 붓는 것보다 할 수 있다면 멈추는 것이 더 좋다. 너무 날카롭게 갈면 날카로움이 오래갈 수 없다. 금은보화가 가득하면 결코 안전할 수 없다. 성공의 자만함은 실패를 초래한다. 일을 다 이루었다면 물러나라 이것이 하늘의 길이다.

이 장의 가르침이란 매사에 너무 지나치지 말고 자족함을 배우라는 것이다. 현대사회에서 가장 큰 문제가 자족함을 배우지 못하고 너무 과하게 일을 진행하는 것이다. 이것은 결론에 가서는 항상 문제점을 드러내게 된다. 특히 한 집단이나 백성들을 다스리는 지도자의 위치에 있는 사람에게 자족한다는 것은 중요한일이다. 또한 지도자는 자신이 임기를 다하게 될 때 떠나는 것이 가장 위대한 순리라는 것을 알려준다.

❷ 太上 下知有之 其次 親而譽之 其次 畏之 其次 侮之 信不足焉 有不信焉 悠(猶)兮其貴言 功成事遂 百姓皆謂我自然 (제17장)

최고의 지도자란 밑에 있는 사람들에게 자신이 있다는 것만 알게 하며, 그 다음의 지도자로는 아래에 있는 사람들이 사랑하며 칭송하는 자이며, 그 다음으로는 사람들이 두려워하는 자이며, 마지막으로는 사람들이 경멸하는 자이다. 지도자가 정직함이 없게 되면 불신이 만연하게 되니 말을 아끼고 무겁게 하라. 백성에 대한 일이 성공을 하여도 사람들로 하여금 그들이 그것을 이루었다고 생각하게 하라.

이 장이 주는 교훈은 지도자들에 대한 경계의 말이다. 현대 사회는 훌륭한 지도자를 찾아보기 힘든 사회가 되어버렸다. 지도자는 스스로 아랫사람들을 거느리며 군림하려고만 했지 아랫사람들의 마음을 헤아려 주지는 못했던 것을 알려주는 구절이다. 지도자는 말을 아끼며, 민심이 천심임을 알고 도로 그들을 다스린다면 한 집단 그리고 더 나아가 한 나라를 다스리는 데 평화가 찾아올 것이며, 반대로 사람들 위에 군림하게 된다면 이미 그 길은 망하는 길로 들어서게 되며, 사람들은 그 지도자를 업신여기게 될 것임을 경고하고 있다. 그렇기에 노자에게 있어서 지도자란 도를 이루는 삶을 살아야 함을 가르쳐주고 있다.

❸ 古之 善爲士者不武 善戰者不怒 善勝敵者弗與 善用人者爲之下 是謂不爭之德 是謂用人 是謂配天 古之極也 (제68장)

옛적에 온전한 장수는 자신을 무장하지 않으며, 훌륭한 전사는 노하지 않는다. 훌륭한 승부사는 증오하지 않으며, 온전한 장군은 겸손하다. 이러한 것은 싸우지 않는 덕이며, 다른 사람들의 장점을 활용한다. 이것은 옛적의 최고의 덕인 하늘과 합하는 것이다.

이 장의 교훈은 하늘의 가르침인 도의 진리로 살아가는 것이 무엇인지를 잘 가르쳐 주고 있다. 하늘의 도를 가지고 있는 사람은 아무리 많은 것을 가지고 있어도 겸손함으로 살아야 하는 것을 가르쳐준다. 현대의 자본주의는 많이 가진 자가 자신의 부와 명예를 자랑하는 것이 우리들이 경험하는 그대로의 모습이다. 그러나 노자가 말한 도란 아무리 자신이 힘이 있고 많은 것을 가지고 있을지라도 그것을 이용하여 남을 억누르지 말고 자신의 덕을 널리 베풀라는 것이다. 이것은 한 집단의 권력을 가진 지도자에게 많은 의미를 주는 교훈이 될 것이다.

❹ 人之生也柔弱 其死也堅强 萬物草木之生也柔脆 其死也枯槁 故堅强者死之徒 柔弱者生之徒 是以兵强則不勝 木强則折 强大處下 柔弱處上 (제76장)

사람이 태어날 때는 부드럽고 연약하지만 죽으면 단단해지고 강해진다. 천지에 살아있는 풀과 나무가 생겨날 때는 부드럽고 순하지만 죽으면 건조되어 뻣뻣해진다. 그러므로 단단하고 뻣뻣한 사람은 죽음의 무리이며 부드럽고 약한 사람은 생명의 사람들이다. 군대가 뻣뻣하게 되면 패배를 경험하게 되고, 식물이 뻣뻣하게 되면 부러지게 된다. 단단하고 뻣뻣한 것은 아래에 놓이게 되며 부드럽고 약한 것은 위에 놓이게 된다.

이 장이 가르쳐주는 교훈은 사람들과 같이 사는 사회 속에서 지도자와 권력자에 던지는 이야기이며 비단 지도자뿐만 아니라 현대를 살아가는 우리들에게 많은 생각을 하게 한다. 현대사회는 권력을 가지고 누리며 약한 자들 위에 군림하려 하고 스스로 낮은 데 있지 않으려고 한다. 그러나 노자의 도는 우리들에게 강하고 단단한 사람들은 이미 죽은 무리들이라고 이야기 해주며 낮은 데 위치하는 것이 도이며 마치 물과 같이 약하고 부드러운 곳에 처하라는 말을 해준다. 그럴 때 그 부드러움은 더 커다란 생명의 길로 가게 된다는 것을 말해주고 있다.

❺ 信言不美 美言不信 善者不辯 辯者不善 知者不博 博者不知 聖人不積 旣以爲人 己愈有 旣以與人 己愈多 天之道 利而不害 聖人之道 爲而不爭 (제81장)

믿음직한 말은 아름답지 않고 아름다운 말은 미더움이 없다. 온전한 자는 변명을 하지 않으며 변명을 하는 자는 온전한 사람이 아니다. 진실로 아는 자는 많이 아는 자가 아니며 많이 아는 자는 진실로 알지 못한다. 성인은 자신의 이익을 위하여 쌓아두지 않으며 남에게 베푼다. 더욱 많이 가지게 되지만 남에게 다주게 되는데 그것은 그로 하여금 더욱 넉넉하게 되게 한다. 하늘의 도는 해를 끼치지 않고 이롭게만 한다. 성인의 도는 일을 행하되 다투지 않는다.

이 장의 교훈을 대략 간단하게 내용을 간추려 설명하면, 인간의 세계에서 진실하게 깨닫고 아는 사람의 행위와 진실하게 깨닫지 못한 사람의 차이를 열거하고 있다. 현대는 자신의 지식에 대해 많이 알고 있다는 것을 자랑하는 것이 보편화 되어 있다. 노자는 도를 아는 사람은 저절로 많은 것을 알게 되며 지식이 늘어나며, 이러한 지식은 남을 불편하게 하지 않으며 더 나아가 이롭게 한다는 것이다. 도를 알고 실천하는 것이 바로 성인이 가는 길이며 화평의 길이 되는 것이다. 이것은 자본주의 사회에서 자신의 성공만을 위한 지식의 축적과 전혀 다른 모습이며 이 세상의 평화를 위한 길임을 알 수 있다.

노자의 리더십

위에서 보았듯이 도교의 창시자인 노자의 기본적인 핵심사상은 무위자연을 바탕으로 한 도의 사상이다. 무위자연의 무위란 인간이 할 수 있는 인위적인 생각에 더해진 작위를 뜻한다. 이러한 작위란 순간적으로 좋아 보이지만 결과는 늘 좋지 않게 끝나버리고 만다. 노자가 가르쳐준 지도자의 도의 모습은 자신을 버리는 것을 뜻한다. 지도자가 되기 위해서는 자신이 무엇을 이루어냈다고 하는 자만심과 오만함을 버리는 깨달음이 있어야 스스로 정한 목표를 이룰 수가 있는 것이다. 그렇기에 한 집단의 지도자는 무위자연의 마음으로 구성원들을 다스리는 자연스러운 리더십을 가져야 한다.

1. 비움의 리더십

도교에서는 무위, 즉 자신을 비우는 행위를 매우 중시한다. 한 집단이나 나라의 지도자가 그 집단의 목표를 이루기 위하여 인위적인 욕심을 가지게 된다면 이미 그 지도자는 자신의 마음을 욕심으로 꽉 채워버렸다는 것을 의미한다. 물 컵에 비유하면, 노자가 말한 도는 가득 채워진 물 컵과 같은 것이다. 이미 물이 가득 채워져 있는데 그것을 버리지 않으면 새로운 물을 다시 채울 수가 없는 것이다. 그러기에 도교에서의 지도자는 늘 자신을 비우고 인위적인 욕심을 버리는 깨달음 속에서 살아야 한다. 이러한 자신을 비우는 행위는 가장 위대한 지도자의 도가 되며, 인위적인 작위를 버림으로써 무위가 이루어진다.

2. 자연스러움의 리더십

도교에서의 도를 이루는 방법 중 하나는 자연스러움을 가진다는 것이다. 특히 한 집단의 지도자는 그 집단의 구성원들과 생활함에 있어서 다툼이 없는 물처럼 자연스러운 생각과 행동을 해야 한다. 이것이 노자가 말하는 도의 모습이다. 한 집단을 이끄는 지도자에게 가장 중요한 것은 다른 사람들과 화합하는 모습이며 그것이 지도자가 가져야 할 최고의 덕목이다. 이러한 덕목은 물에 비유할 수 있는데, 다음은 노자가 의미했던 물이 갖는 7가지 모습이다.

① 낮은 곳으로 흐르는 겸손
② 막히면 돌아가는 지혜
③ 구정물까지 받아주는 포용력

④ 어떤 그릇에도 담기는 융통성

⑤ 바위도 뚫는 인내와 끈기

⑥ 장엄한 폭포처럼 투신하는 용기

⑦ 유유히 흘러 바다를 이루는 대의

학습문제

01 장자에 나오는 붕새는 무엇을 뜻하는가?

① 일반 새 ② 큰새 ③ 큰 포부 ④ 많은 재물

02 노자가 출생했던 나라는 어디인가?

① 인도 ② 중국 ③ 몽골 ④ 파키스탄

03 노자의 별명이 아닌 것은?

① 이담 ② 이이 ③ 노이 ④ 노담

04 노자의 중심적인 사상이 나오는 책은?

① 논어 ② 도덕경 ③ 맹자 ④ 성리대전

05 장자의 소요유에 나오는 물고기의 이름은?

① 이 ② 곤 ③ 감 ④ 건

06 장자의 소요유에 나오는 큰 새의 이름은?

① 붕새 ② 민새 ③ 참새 ④ 독수리

학습문제

07 노자의 기본 사상이 아닌 것은?

① 도(道) ② 무위(無爲) ③ 교학상장 ④ 상선약수

08 물의 작용 중 다른 것은?

① 겸손 ② 총명 ③ 융통성 ④ 대의

09 다음 중 가장 중요하게 여기는 노자의 기본원리는 무엇인가?

① 수기치인 ② 교학상장 ③ 바른 자세 ④ 무위자연

10 노자의 리더십 중 잘못된 것은?

① 무위 ② 채움 ③ 자연스러움 ④ 버림

참고문헌

강신주(2004). **장자의 철학: '꿈(夢)', '깨어남(覺)', 그리고 '삶(生)'**. 서울: 태학사.

김충열(2004). **김충열 교수의 노자강의**. 서울: 예문서원.

노자(2006). **노자**. 최재목 역. 서울: 을유문화사.

노자(2001). **노자도덕경**. 황병국 역. 서울: 범우사.

노자(2015). **노자도덕경**. 남만성 역. 서울: 을유문화사.

노재욱(1997). **노자도덕경**. 서울: 지유문고.

대빈호(1992). **노자의 철학**. 서울: 인간사랑.

쉬캉성(2010). **노자평전**. 유희재역. 서울: 미다스북스.

이강수(2005). **노자와 장자: 무위와 소요의 철학**. 서울: 길.

이강식(2005). **노자철학탐색**. 전주: 신아출판사.

이기동(2014). **노자**. 서울: 동인서원.

이민수(1991). **노자도덕경**. 서울: 혜원출판사.

이은봉(2015). **노자**. 서울: 창.

이정용(2014). **노자산책: 도덕경 집주**. 서울: 서울: 퍼플

왕방웅(2007). **노자: 생명의 철학**. 천병돈역. 서울: 작은이야기.

왕필(1997). **왕필의 노자**. 임채우 역. 서울: 예문서원.

장일순(2013). **노자이야기**. 서울: 삼인.

허항생(1995). **노자철학과 도교**. 서울: 미다스북스.

Kaltenmark Max(1993). **노자와 도교**. 서울: 까치.

Red Fine(2009). *Lao-Tzu's Taoteching*. Washington: Copper Canyon Press.

제 5 장

동양의 리더 주희

생각의 시간 .... 논어의 충서지도(忠恕之道)

공자의 저작으로 알려진 『논어(論語)』에서는 공자의 가장 중요한 중심사상이 나타나는데, 그것은 다름 아닌 인(仁)이다. 그는 인에 대해서 묻는 제자들에게 여러 가지로 다른 대답을 하게 되면서, 인이 여러 가지로 해석될 수 있는 가능성을 열어두었다. 그가 말한 인에 대한 해석에서 가장 중심사상인 애인(愛人), 극기복례(克己復禮), 충서는 자신을 이기고 남을 배려하는 사랑으로 해석할 수 있다. 더 나아가서 그는 인의 사상의 생활원리로서 효제(孝悌)를 말한다. 효제란 말 그대로 부모에게는 효도로 섬기고, 형제 사이에는 공경과 우애로 생활하는 유교의 핵심적인 원리를 담고 있다. 이러한 원리가 바탕이 된 충서지도(忠恕之道)는 자기와 타인 그리고 개인과 사회의 관계를 적절히 나타내주는 중요한 개념이다. 즉 개인의 완성인 충(忠) 그리고 타자를 위한 배려의 모습인 서(恕)의 모습은 한 개인으로서 자기완성 그리고 더 나아가서 그 개인이 몸담고 있는 사회 속에서 타인을 위한 충실이 바로 서로 다른 사람들, 다른 취향과 생각을 가진 개인이 모인 사회 속에서의 적절한 관계를 나타내주는 단어라고 할 수 있다.

현대자본주의 사회에 만연된 황금만능주의는 돈이면 뭐든지 할 수 있고, 돈이면 다른 사람들 위에 군림할 수 있다는 생각 때문에 사회적으로 문제들을 드러내고 있다. 이러한 자본주의는 가장 근본적인 가정생활, 친구간의 교우관계, 그리고 더 나아가서 사회생활 속에서 속속들이 문제점들이 드러나게 되었다. 돈을 위해서 살인도 서슴지 않고 저지르고, 친구와 이웃을 하찮게 여기는 세대풍조 속에서 남을 먼저 배려하는 논어의 충서지도는 우리들에게 많은 의미를 전달한다.

주희의 생애

1. 주희의 탄생과 어린 시절

성리학의 집대성자라고 여겨지는 주희는 중국이 근세로 접어든 때인 송나라宋의 휘주徽州에서 태어났다. 그의 집안은 대대로 안휘성安徽省의 휘주무원徽州婺源의 부호였다. 그의 아버지 이름은 주송이며 어머니는 축씨 부인으로, 주송이 관직에서 퇴직하고 우계에 있을 때 주희를 얻게 된다. 그는 어릴 때부터 총명하고 말수가 적고 학문 연구에 전념하였다. 네 살 때 아버지 주송이 하늘을 가리키며 북극성 별자리를 알려주자 그는 아버지에게 하늘 위에는 무엇이 있습니까? 라고 물었고, 주송은 이것에 대해 기이하게 여겼다고 한다. 또한 다섯 살 때 그는 아버지와 장터에 함께 갔을 때 아버지가 “저쪽을 보아라. 저쪽이 해가 뜨는 동쪽이다”라고 알려주었고, 그때 그는 “아버지에게 동쪽 그 너머는 무엇이 있습니까?”라고 되물었다고 한다. 그는 어린나이로 이러한 물음을 할 정도로 사물에 대해서 의문을 가지고 있었으며, 상당히 총명했다고 한다. 또한 그는 같은 나이에 『효경』을 깨우친 신동으로 유명하다. 그는 11세에 아버지로부터 글을 배웠다. 14세 때 아버지가 세상을 떠났고, 아버지 주송의 유언에 따라 호적계胡籍溪, 유백수劉白水, 유병산劉屛山에게 학문을 배웠다. 그는 이러한 스승들에게 배우면서 유학뿐만이 아니라 불교와 노자의 학문에도 흥미를 가지게 되었고, 그의 학문의 세계를 넓혀나갔다.

2. 주희의 관직생활

주희는 18세 때에 당시 대과에 급제하여 주위 사람들을 상당히 놀라게 했는데, 그 이유는 그 당시 급제자들의 나이가 평균 35세였기 때문이다. 그는 급제 후 첫 번째 임지에 부임하기 전 유학자인 이동李侗을 찾아간다. 이동은 공자와 맹자의 유학 전통을 지킨 사상가로 평가받는데, 이는 그의 사상이 만들어지는 데 지대한 영향을 끼치게 된다. 이동은 그 당시까지 약 천 년간 도교와 불교로 인하여 실추되었던 유학의 정통성을 가지고 있었던 학자로 그가 새로운 성리학을 주창하는 데 상당한 도움을 주게 되었다. 그는 동안에서 주부로 첫 번째 관직을 맡게 되는데, 그 기간 동안에 경제적으로 조세, 감찰 업무를 개혁하고 학문적으로 서원의 학칙을 개선했고, 여러 가지 혁신적인 업무를 하였다. 그는 동안에서의 관직을 역임한 뒤 다른 관직을 맡지 않았다. 그러나 그는 황제에게 꾸준하게 나라의 정치적인 일을 위하여 상소문을 보내어 자신의 견해를 필역했다. 그는 조정의 공직을 맡는 일은 계속 거부했는데, 그 이유는 당시의 권력자와 그들의 정책을 좋지 않게 여겼으며, 만연된 파당정치에 염증을 느꼈기 때문이었다. 만년에 조정의 부름을 받아서 정치를 할 수 있는 기회가 여러 번 있었으나, 그의 과감한 직언과 타협하지 않는 성격 등으로 인하여 다른 정치인으로부터 중상모략을 당하여 정치적인 기반을 잃고 말았다.

3. 주희에게 영향을 준 학자들

주희의 유교적인 영향은 65세의 노년의 유학자 이동과의 만남과 대화 속에서 만들어졌다. 이동과의 학문적인 만남은 약 7년간 이동이 죽을 때까지 이어졌으며, 이 기간 동안 북송 시대 공맹 유학의 뿌리적인 핵심을 배우게 된다. 그는 유교뿐만 아니라 불교와 도교에도 많은 관심을 기울이며 공부했는데, 이동과의 만남 속에서 그동안 자신이 불확실하게 여겼던 불교와 노장 사상을 정립하고, 북송시대의 리학理學을 집대성하게 된다. 그의 학문은 거기서 성장을 멈추지 않았다. 그는 당시 북송 오자로 유명한 주돈이, 장재, 소옹, 그리고 정호 그리고 정이 등의 사상에 많은 영향을 받으며, 그들의 사상을 자신의 학문에 통합하는 커다란 업적을 만들게 된다. 그는 명도明道 이천伊川에게 사숙하며 학문에 전념하고 이 기간 동안에 정호 정이의 사상을 이어받아 성리학의 기본이 되는 이기론理氣論을 정립하게 된다. 이후 고대 경전을 탐독하고 풀이, 주해를 편집하고 공자, 맹자 등의 사상을 주해하였는데 이것이 하나의 학문이 되어 성리학으로 발전하게 된다.

4. 북송오자

중국역사에서 중세로 알려진 위진남북조, 수, 당나라를 거치면서 중국은 유교뿐 아니라 인도에서 온 달마로부터 전파된 불교 그리고 노자에게서 유래된 도교, 또한 법가 사상 등이 유교와 혼합되어 중국인들의 사상에 존재하게 된다. 중세가 끝나고 근세에 들어서면서 송나라 북쪽에 여러 명의 철학자들이 등장하게 되는데, 주희는 이 철학자들과의 만남을 통하여 그들이 가지고 있었던 다양한 사상을 흡수·통합을 하게 된다.

❶ 소옹 중국의 철학자 진단의 사상은 노장사상과 결합하여 성장한 주역의 우주관, 세계관 및 역사관을 만들게 된다. 소옹은 이러한 역철학을 발전시켜 사원四元을 근본으로 하는 수리철학을 만들었다. 그는 하나가 나뉘어 이가 되고 이가 사가 되고 사가 나뉘어 팔이 되고 팔이 나뉘어 십육이 되고 십육은 삼십이가 삼십이는 육십사가 된다고 한다. 이 말은 우주의 모든 근원이 하나에서부터 시작된다는 말이다.

❷ 주돈이(주렴계) 주돈이는 태극도설을 창시한 학자로 천지의 움직임을 태극으로 설명한다. 그의 태극도에서 우주의 본체는 무극이라 부르기도 한다. 무극이란 허무한 것을 의미하는 것이 아니기 때문에 태극이라고도 한다. 태극은 음양으로 되어 있으며, 태극이 움직여 양을 낳고, 움직임이 극에 달하면 고요해지고 음을 낳는다. 고요함이 극에 달하면 다시 움직이며 천지만물의 근원이 된다.

❸ 장재 장재는 태허太虛의 개념으로 우주의 본체와 도덕의 근원을 표현하고자 했다. 태허는 형체가 없고 맑은 기운을 가지고 있어서 신묘한 작용을 한다. 이러한 태허의 개념은 노장 사상에서 나오는 도와 비슷하다. 태허는 음양을 초월하는 개념이 아니라 음양과의 관계성에 기초를 두고 있다.

❹ 정호 정호는 우주에 있는 물질의 기본체계를 리기理氣론으로 보고 있다. 우주의 근본원리를 리로 보고 만물일체관에 입각하여 리와 기가 떨어져 존재하는 것이 아니라 함께 한다고 했다. 그의 사상은 리와 기의 분리가 아닌 서로 기대는 관계를 가지고 있으며, 우주의 기본 원리와 움직임의 기운인 리와 기가 하나로 되어있음을 이야기한다.

❺ 정이 정이는 정호와 마찬가지로 기와 리로 우주관을 설명하고 있다. 특히 리를 자연의 법칙 및 인간존재의 법칙, 윤리의 법칙으로 생각하고 있다. 이렇게 생각하다 보니 우주의 원리인 리가 형

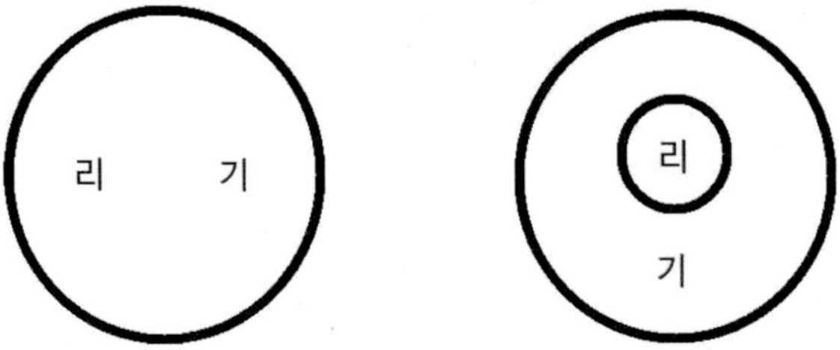

왼쪽은 정호가 생각했던 리기론이라 할 수 있으며 오른쪽은 정이가 생각했던 리기론이라 할 수 있다. 두 그림 모두 하나의 원 안에 있지만 정호는 좀 더 일체형으로 정이는 명칭상 분리가 되어 보인다.

이상학적으로 모든 법칙 위에 있는 동떨어진 것으로 생각할 수도 있게 된다. 이러한 부분이 리와 기가 하나로 되어 있으나 두 개처럼 보이는 원인이 된다. 정이의 사상은 주자의 사상에 가장 많은 영향을 주게 된다.

관계된 글과 그림

송나라 이학理學의 시조로 알려진 주돈이는 태극도설太極圖說에 나오는 태극도로 만물이 생성되는 과정을 설명하고 있다. 이 태극도는 원래 송나라 초 진단陳摶이라는 인물이 화산華山의 석벽에 새겨둔 그림으로 알려져 있다. 이 그림은 원래 무극도無極圖 인데 주돈이가 변형하여 만들었다고 전해진다. 주돈이는 태극도에서 불교와 도교의 이론을 취합하여 우주만물의 생성원리를 밝히고 있다. 이 사상은 뒤에 주희의 성리학에 흡수 통합되었다. 태극도설에 나오는 설명을 보면 다음과 같다.

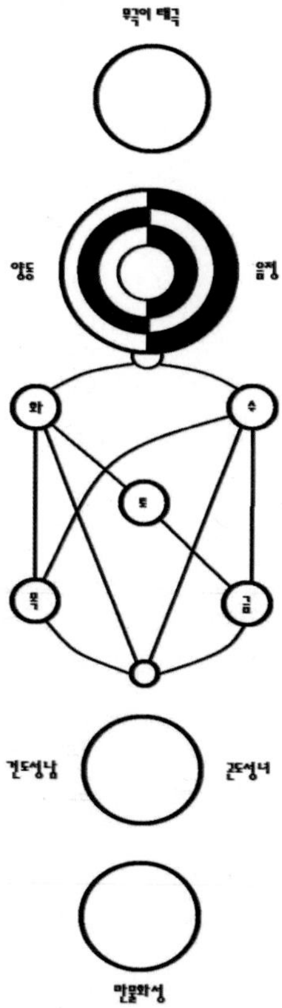

▸ 태극도

無極而太極 太極動而生陽 動極而靜 靜而生陰 靜極而復動 一動一靜互爲其根 分陰分陽兩儀立焉 陽變陰合 而生水火 木金土 五氣順布 四時行焉 五行一陰陽也 陰陽一太極也 太極本無極也 五行之生也 各一其性 無極之眞 二五之精妙合而凝 乾道成男 坤道成女 二氣交感 化生萬物 萬物生生而變化無窮焉

■ 무극은 곧 태극이다. 태극이 움직여 양을 낳고 움직임이 극에 달하면 고요해진다. 고요하면 음을 낳고 그 고요함이 극에 달하면 다시 움직인다. 한 번 움직임과 한 번 고요함이 음양으로 나누어 양의가 된다. 양과 음이 합해져 화, 수, 목, 금, 토 오행을 낳는다. 이 오행이 고루 분포되어 4계절이 생긴다. 오행도 하나의 음양이며 음양도 결국 하나의 태극이다. 태극은 본래 무극이 되는 것이다. 오행을 낳음에 있어 한 성질을 가지게 되는데 이것이 무극의 진수다. 음양오행은 서로 합하여 건도는 남자가 되고 곤도는 여자가 된다. 두 기가 서로 교감하고 만물이 생하고 변화하여 무궁무진하게 된다. ■

주희의 철학과 그의 사상

주희의 철학과 사상은 공자 그리고 맹자에게서부터 전해온 유교의 내용을 한 가지로 해서 이루어진 것이 아니라 중국역사 속에서 혼재해 있던 불교, 도교, 유교가 서로 혼합이 되고, 또한 여러 철학자들의 사상을 바탕으로 형성되어 이기론을 정립하게 된다. 이렇기에 주희의 성리학 이론은 유교만을 대표하는 사상이 아니라 중국의 고대 종교와 철학사상의 집대성이라고 해도 과언이 아닌 것이다.

1. 리기론(理氣論)

주희는 천지만물을 이루는 우주 자연은 리와 기라는 두 개의 실체로 이루어져 있다고 생각하고, 주돈이의 태극도를 중심으로 우주론인 리기론의 핵심을 설명해 나간다. 이러한 리기론은 도교와 불교의 이론들을 흡수·통합하면서 성리학의 중심 사상으로 자리잡게 된다.

❶ 리기선후

주희는 태극도설의 태극은 우주의 도道이며, 천지만물의 근본을 가리키는 것이라고 말한다. 이러한 태극은 사물이 있은 뒤에 존재하는 것이 아니라 사물이 없었던 때에도 존재한다. 태극은 천지만물의 리이며, 천지만물 가운데 태극이 있으며 천지가 생기기 이전에 반드시 리가 존재한다. 주희는 말하길 기가 없이도 그 리는 있으며 리가 이미 있다면 반드시 그 기도 있는 것임을 말한다. 즉 본원적 입장에서는 리가 먼저이며, 기가 뒤에 있고 구성으로 말하면 리가 기를 좇아서 갖추어진 것이다.

❷ 리기동정

주희는 태극도설의 태극을 리로 보았고 형이상학적인 리가 형이하학적인 사물을 만들어내는 것에 대해 천명天命이 유행하기 때문에 동정動靜이 일어난다고 말하고 있다. 즉 그는 태극의 리가 움직여서 양을 낳고 고요하여 음을 낳는다고 말한다. 이러한 양과 음의 움직임에는 이미 리가 기와 함께 있다는 것을 뜻한다. 그러기에 태극은 리이고, 태극 안에 움직임인 동정은 기이다. 주희는 자신이 말한 태극 안에 있는 동정을 사람과 말의 비유로 설명을 한다. 말을 탄 사

▸ 기발이리승지

람은 리이며 말은 기이다. 리는 움직이지 못하나 기와 함께 움직임이 생기게 된다.

❸ 리일분수(理一分殊)

주희는 리일분수의 이론을 가지고 우주로서의 태극과 만물의 성性과의 관계성을 말하고 있다. 그는 태극을 통하여 동정이 만들어지고 리와 기의 법칙을 통하여 천지만물이 형성이 되며, 만물이 각각 그 기질이 서로 다르지만 모두 같은 태극의 리를 가지고 있음을 말한다. 즉 모든 사물의 태극은 동일하고 차별이 없으며, 태극의 온전함이 모든 사물에 갖추어 있다. 리일이란 만물 전체가 하나의 태극이라는 것을 설명하는 것이며, 분수란 그 태극은 만물 안에 각각 동일한 태극의 리가 존재한다는 것을 뜻한다. 그러나 그 만물의 기질은 각각 다르게 되어 천지만물을 이루게 된다는 것이다. 이러한 기질은 인간의 욕심을 통하여 악하게 되기도 한다.

2. 격물치지론(格物致知論)

유교의 가장중심이 되는 사상은 수기치인修己治人이다. 수기란 자신을 다스리며 수양하면서 끊임없이 배우려고 하는 태도를 말한다. 이러한 배움과 수양의 중심이 되는 것이 격물치지이다. 격물치지란 인간이 사물에 나아가 그 사물을 알아가며 자신을 수양하는 중요한 이론이다. 주희는 이러한 이론을 바탕으로 자신의 격물치지론을 정립하게 된다.

❶ 격물

주희가 말한 격물은 세 가지의 의미를 내포하고 있는데, 그것은 즉물卽物, 궁리窮理, 지극至極이다. 격이란 어느 곳에 이른다는 뜻이다. 격물이란 어떤 사물에 이르러서 그 사물의 리理를 모두 다 깨우치면 그 사물에 대해 활연관통豁然貫通하게 된다는 것이다. 이것은 그 사물에 대해서 가림이나 장애가 없게 되며, 성실하고 마음이 바르게 된다. 즉 격물이란 알고자 하는 사물에 대해서, 그 사물에 나아가서 자기가 알고 있는 이치를 가지고 궁구하여 그 극진함을 행하는 것이다. 주희는 하나의 사물이 있으면 반드시 하나의 리가 있으니 거기에 이르러 궁구하여 그 리에 이르는 것을 격물이라고 한다. 즉 격물이란 사물의 이치를 궁구하는 노력을 이야기한다.

❷ 치지

인간은 격물을 통하여 사물의 이치를 밝히 환히 알게 된 후에 그 지식이 완전해지고 철저하게 된다. 주희는 격물이란 사물에 나아가는 것을 뜻하고 치지는 나 자신으로 속하는 것을 말한다. 즉 사물에 미루어 궁구해 가면 나에게 비로소 아는 것이 있게 되는 것이다. 그렇기에 격물치지란 자신의 몸을 수신하여 학문에 정진할 수 있는 방법을 말하는 것이다. 하나의 사물에 대해 격물하여 알게 되고, 또 다른 사물에 나아가 격물하고 앎에 이르게 되면서 자신 스스로 앎이 넓어지게 된다.

주희의 리더십

성리학의 집대성자인 주희의 기본사상은 리기론을 바탕으로 한 도교와 불교의 통합적인 유교 사상이다. 공자를 뒤이어 모든 인간은 선한 존재이지만 인간의 욕심을 통하여 악하게 되는 것을 리기론으로 설명한다. 이러한 설명은 바로 지도자들이 생각해 보아야 할 사상이다. 선한 기질을 통하여 선한방향과 목표를 통하여 국가나 집단을 인도한다면 그 지도자는 구성원들에게 많은 영향을 끼칠 수 있게 된다.

1. 융합의 리더십

주희는 중국의 역사적으로 내려온 중요한 불교와 도교 사상들을 유교로 융합하여 하나의 사상인 성리학을 집대성하게 된다. 사실 다른 사람들의 사상을 존중하고 융합한다는 것은 리더가 가져야 할 모습 중 가장 중요한 자질임에 틀림없다. 주희는 그 당시 북송오자라는 철학자들의 사상을 버리지 않고 융합하여 더 위대한 사상으로 발전시킬 수 있었다. 이러한 것은 나보다 상대방을 존중하는 태도에서 나오는 자세인 것이다. 현대 산업 사회는 자본주의와 포스트모더니즘을 통하여 다양한 생각과 사상이 공존하고 있다. 이렇게 다양성이 존재 하는 사회 속에서 지도자는 융합을 통하여 상대편의 견해를 존중하는 태도를 가지는 것이 가장 위대한 지도력 중의 하나가 되는 것이다.

2. 끊임없는 노력의 리더십

주희는 끊임없는 자기와의 싸움인 선진들의 사상연구와 공부 속에서 성리학을 집대성한 사람이다. 이와 마찬가지로 지도자는 어느 누구보다도 자신과 한 집단이나 한 나라를 위하여 끊임없이 헌신하고 노력하는 사람이 되어야 한다. 주희는 자기 발전을 위하여 자신의 것인 유교의 핵심적인 내용뿐만이 아니라 불교와 도교의 중요한 부분을 받아들여서 성리학을 완성하였다. 이것은 주희의 끊임없는 자기 발전을 위한 노력인 것이다. 그렇기에 한 집단을 인도하는 지도자는 끊임없는 자기 발전을 위하여 노력해야만 한다. 이러한 자기 발전을 통하여 모든 사람의 귀감이 되는 지도자가 될 수 있다.

▸ 주희

주희는 끊임없는 자신의 발전을 위하여 고민하며 공부에 정진을 했다. 그래서 오늘 배우지 않으면 내일 배울 수 없다는 신념으로 일촌광음도 가벼이 하지 않고 학문에 정진을 하였으며, 하루라도 학문을 연구하고 가르치지 않으면 크게 걱정하고 안타까워했다고 기록하고 있다.

학습문제

01 충서는 무엇을 뜻하는가?

① 충성심 ② 효도심 ③ 배려 ④ 용기

02 주희는 중국의 어느 시대 사람인가?

① 당나라 ② 송나라 ③ 수나라 ④ 진나라

03 주희가 영향을 받은 인물이 아닌 것은?

① 소옹 ② 주돈이 ③ 유비 ④ 장재

04 주희에게 가장 많은 영향을 준 학자는?

① 소옹 ② 정이 ③ 정호 ④ 주돈이

05 주희의 중심 사상을 고르시오.

① 리기론 ② 태극론 ③ 인성론 ④ 효제론

06 주희가 우주의 원리인 리기를 설명하기 위하여 사용한 동물은?

① 호랑이 ② 말 ③ 낙타 ④ 개

학습문제

07 북송오자가 아닌 것은?

① 장재 ② 소옹 ③ 정이 ④ 정재

08 유교의 기본 사상이며, 사물의 이치를 알아가는 것을 나타내는 것은?

① 리일분수 ② 성의 ③ 격물치지 ④ 배려

09 주돈이가 그린 것으로 천지의 움직임을 나타내는 그림은?

① 리기도 ② 태극도 ③ 천지도 ④ 음양도

10 주자의 리더십 중 잘못된 것은?

① 융합 ② 상대존중 ③ 노력 ④ 버림

참고문헌

구스모토 마사쓰구(2009). **송명유학사상**. 서울: 예문서원.

김백현(2006). **중국철학사상사**. 서울: 차이나하우스.

모종삼(2012). **심체와 성체 총7권**. 서울: 소명출판사.

변원종(2002). **주자의 철학사상**. 대전: 문경출판사.

성광동 외(2006). **스승 이통과의 만남과 대화**. 서울: 이학사.

수정난(2015). **주자평전 상·하**. 김태완 역. 서울: 역사비평사.

유명종(2000). **주자의 인간과 사상**. 부산: 세종출판사.

이동희(2007). **주자: 동아시아 세계관의 원천**. 서울: 성균관대학교출판사.

이동희(2012). **주자학 신연구**. 서울: 문사철.

이불(2009). **주희의 후기 철학**. 조남호 외 역. 서울: 소명.

이상돈(2013). **주자의 수양론**. 서울: 문사철.

장립문(2009). **주희사상연구**. 파주: 한국학술정보.

진래(1997). **송명성리학**. 안재호 역. 서울: 예문서원.

진래(2008). **주희의 철학**. 이종란 역. 서울: 예문서원.

주희(2008). **논어집주1**. 박헌순 역. 서울: 한길사.

주희(2004). **근사록**. 이기동 역. 서울: 홍익출판사.

주희(2003). **인설**. 임헌규 역. 서울: 책세상.

중국철학연구회(1994). **논쟁으로 보는 중국철학**. 서울: 예문서원.

한국철학사연구회(2005). **주자학의 형성과 전개**. 서울: 심산.

호이트 틸만(2010). **주희의 사유세계**. 김병환 역. 서울: 교육과학사.

제 6 장

동양의 리더 퇴계와 율곡

생각의 시간 ······························ 조선시대의 서당

우리나라 역사 속에서 서당에 관한 기록을 찾아보면 삼국시대 고구려에 마을마다 경당(扃堂)이라는 학교가 있었던 것으로 보인다. 이러한 학교는 통일신라를 거쳐 고려시대에 와서 성행했던 것으로 여겨진다. 학당 혹은 학방 등으로 불렸던 서당에 대해서 알아보면 다음과 같다.

고려시대 1124년(인종 2년) 송나라 사신이었던 서장관의 『고려도경(高麗圖經)』에 "마을 거리에 민간의 미혼자제가 무리를 지어 선생에게 경서를 배운다"는 기록이 있어 당시에 서당이 어느 정도 성행하고 있었음을 짐작할 수 있다. 고려시대의 서당은 계속해서 이어져 내려와 조선시대에 와서 서민들을 위한 교육 기관으로 자리 잡게 된다. 조선시대 국가에서 관장하는 관학으로 성균관 그리고 그보다 낮은 단계의 관학으로 사부학당이 있었고 지방 관학으로 향교가 있었다. 개인이 운영하는 사학으로는 서원과 서당이 있었는데, 서당은 모든 나이와 계급을 초월해 여러 학동들이 들어갈 수 있었고 초등 수준부터 과거시험 준비에 이르

기까지 다양한 형태로 운영이 되었다. 배우는 과목은 『천자문』, 『동몽선습』, 『통감』, 『소학』 등과 같은 유교의 근본이 바탕이 된 서적들이며 더 나아가 유교의 경전들도 공부하였다.

규모가 작은 서당에서는 훈장 한 사람이 가르쳤으나 비교적 큰 서당에서는 훈장 혼자 많은 학동을 가르치기 어렵기 때문에 학동 가운데 나이가 있고 학력이 우위(優位)인 자를 접장으로 임명하여 초보단계의 학동들을 가르쳤다.

서당에 입학하는 연령은 일정한 규정은 없으나, 나이가 5~6세 정도 되면 서당에 들어가 글을 배울 수 있었고, 20세가 넘어서도 글을 배우기 위하여 서당에 오는 경우도 있었다.

서당은 설립하는 데 특별한 제약이 없었기 때문에 상당히 많은 숫자로 불어났으며 일제 말기까지 서당이 존속했었다.

서당의 종류는 다음과 같다. 훈장 자신이 직접학동들을 가르치는 훈장자영서당, 경제적인 여유가 있어서 단독으로 훈장을 문중으로 초빙하는 유지독영서당, 마을의 뜻있는 유지들이 자신들의 자녀들을 위해 세운 유지조합서당, 그 외 동리공동서당, 동족조합서당, 관립서당 등이 있다.

비록 서당은 주입식 교육과 암송으로 이루어졌지만, 교과과정으로 사용하던 교재들이 도덕규범과 인성교육 차원의 내용을 같이 포함하고 있었다. 그렇기에 서당에서의 교육체계는 학동들에게 전인적인 가르침을 주게 된다. 인성교육이란 한 인간의 인격교육과 성격교육을 모두 발달시키는 교육으로, 지식교육을 넘어서 인간의 보편적인 민풍과 도덕, 교화기능을 포함한 교육이며 창의적인 인간을 만드는 데 기여하는 교육이다.

이러한 서당의 교육은 현대의 지식을 위주로 하는 교육에 많은 시사점을 던져주게 된다. 특히 한국의 교육 현실에서 드러난 지식중심 교육의 문제점들을 볼 때 여러 가지 교훈을 얻을 수 있다.

제 6 장

퇴계와 율곡의 생애

1. 퇴계의 생애

조선시대 성리학의 양대 산맥 중 한 사람인 퇴계 이황은 1501년 경북 안동부 예안현 온계리溫溪里에서 진사進士 의정부좌찬성 이식과 부인 춘천박씨의 7남 1녀 중 막내로 태어났다. 자는 경호景浩, 호는 퇴계退溪 시호는 문순文純이다. 그가 태어날 때 그의 부모는 태몽을 꾸었다고 하는데, 어머니의 꿈에 '공자가 대문 안으로 들어오는 꿈을 꾸고' 퇴계를 낳았다 하여 대문을 성림문聖臨門이라고 했다고 한다. 그가 태어난 지 7개월 만에 아버지 이식은 마흔 살의 나이로 세상을 떠났고 그는 홀어머니 밑에서 자랐다. 그는 어려서 서당에서 한학을 수학하였으며, 열두 살 이후로 숙부인 송재 이우에게서 학문을 배웠는데, 약 20세 무렵부터 밤낮으로 공부를 하고 『주역』에 몰두하면서 병을 얻게 되었고 이후부터 잔병치레에 시달렸다고 한다.

그는 1528년중종 23년에 소과에 합격하여 성균관에 들어가게 되었고, 1534년 문과에 급제하고, 1539년 홍문관수찬이 되었고, 1543년 성균관사성으로 승진하자 성묘를 핑계 삼아 고향으로 가게 된다. 1548년 충청도 단양군수가 되었고, 그 이후에 경상도 풍기군수로 전임하게 된다. 재임 중 전임 군수 주세붕周世鵬이 창설한 백운동서원에 편액扁額을 하사할 것을 청원하여 실현을 보게 되었고, 이것은 조선 사액서원賜額書院의 시초가 된 소수서원紹修書院이 된다. 1560

▸ 소수서원

년 도산서당陶山書堂을 짓고 7년간 서당에 기거하면서 많은 제자들을 가르쳤다. 이 도산서당은 후에 도산서원이 된다. 명종은 퇴계를 공조판서·대제학이라는 직에 임명하며 자주 초빙했으나, 그때마다 고사하고 도산서원에 남아 후학들을 가르치게 된다. 노년에 퇴계는 선조왕에 대한 마지막 봉사로서 『성학십도(聖學十圖)』를 저술하여 어린 국왕에게 바치게 된다.

그의 학문은 일본에도 큰 영향을 끼쳐, 에도 시대에는 기몬 학파와 구마모토 학파가 있었고, 메이지 시대의 교육 이념의 기본 정신을 형성하였다. 그러나 이황의 학문적 근본 입장은 진리를 이론에서 찾는 데 있지 않았다. 오히려 진리는 평범한 일상생활 속에 있다는 것이 그의 신념으로 지와 행의 일치를 주장, 그 기본이 되는 것이 성性이요, 그에 대한 노력으로서 '경敬'이 있을 뿐이라 하였다. 실로 그의 학문·인생관의 최후 결정은 이 경에서 찾아볼 수 있는 것으로 70여 생애를 통하여 경을 실천한 것이 이황이었다. 그는 문학 및 고증학에도 조예가 깊었으며 그 사상 그리고 학풍이 후세에 계승되어 영남학파를 형성, 유학계에 많은 영향을 주었다.

2. 율곡의 생애

16세기 퇴계와 함께 조선 성리학의 양대 봉우리로 알려진 율곡은 1536년중종 31년 사헌부 감찰을 지낸 이원수李元秀와 사임당師任堂 신씨申氏의 셋째 아들로 강원도 강릉 오죽헌에서 태어났다. 본관은 덕수德水, 자는 숙헌叔獻, 호는 율곡栗谷이다. 그의 어머니인 신사임당은 흑룡이 하늘로 오르는 꿈을 꾸고 임신하고 출생하였기 때문에 그가 태어난 방은 몽룡실이라 불렀고, 율곡의 이름을 '현룡見龍'이라 지었다가 뒤에 이珥로 바꾸었다고 한다. 어머니 신사임당은 학문적 소양이 깊었고, 인덕이 매우 높은 인격자로 칭송을 받던 인물이었으며, 율곡은 어려서부터 어머니에게서 학문을 배웠다고 한다. 이런 교육 환경 덕에 율곡은 어려서부터 매우 총명하였다. 1548년명종 3년 13세 때에 진사시에 합격했으며, 조광조의 문인인 휴암休菴 백인걸白仁傑에게 학문을 배웠다. 1554년 금강산 마하연摩訶衍으로 들어가 불교를 공부했으며, 이듬해 하산하여 입지立志·과언寡言 등 11개의 조항으로 되어 있는 성리학의 이론이 기본이 된 자경문自警文을 지었다. 23세가 되었을 때 이이는 안동에 가서 퇴계 이황을 만나 많은 이야기를 나누었다고 한다. 퇴계는 이 무렵 명종의 부름을 받았으나 계속 사양했고, 율곡이 퇴계에게 벼슬할 것을 권했지만 겸손하게 사양했다고 전해진다. 퇴계는 율곡과의 조우 후에 월천 조목에게 편지를 보내 "이이가 명석하여 많이 보고 기억하니 후생後生을 두려워할 만하다"라고 하면서 율곡이 대성할 것이라고 말했다고 한다. 율곡은 1558년명종 13년 별시別試에서 장원으로 급제했으며, 1564년명종 19년에 실시된 대과大科에서 문과文科의 초시初試·시覆試·전시殿試에 모두 장원으로 합격하여 삼장장원三場壯元으로, 그리고 생원시生員試·진사시進士試를 포함해 응시한 아홉 차례의 과거에 모두 장원으로 합격하여 구도장원공九度壯元公이라고 불리기도 했다. 1573년선조 6년 다시 조정의 부름을 받아 승정원承政院의 동부승지同副承旨·우부승지右副承旨를 역임했고, 그 뒤 대사헌大司憲, 홍문관 부제학副提學, 홍문관과 예문관의 대제학大提學, 1582년에 이조판서, 1583년에 병조판서 등을 역임했다. 저서로는 『성학집요(聖學輯要)』 어린이 교육을 위한 『격몽요결(擊蒙要訣)』 등이 있다.

관계된 글과 그림

사칠논변 1559년 퇴계 이황의 나이 58세 때 32살의 고봉 기대승이란 선비와 8년 동안 학문적으로 편지를 주고받으면서 논쟁을 하게 되는데, 이 논쟁을 사칠논변사단칠정논변이라고 한다. 사실 퇴계 이황이 고봉 기대승의 편지에 대답할 이유가 없었다. 왜냐하면 그 당시 퇴계는 성균관 대사성의 직분이었고, 고봉은 갓 과거에 급제한 선비였기 때문이다. 그러나 퇴계는 고봉 기대승의 편지에 대해서 성실하게 대답을 해 주게 된다.

논변의 요지는 다음과 같다. 주희는 태극도를 통하여 이기론을 사단과 칠정으로 해석을 하게 된다. 여기서 리란 순선이며 사단이고,

▸ 퇴계 이황

기란 인간이 가지고 있는 선하지 않은 칠정을 담보한다. 이러한 사단 칠정의 해석에 대한 관점의 차이 때문에 서로 논변을 하게 된다. 퇴계에게 있어서 사단이란 인간의 순수한 본성이 발현된 순선純善한 상태이며, 사단이 리가 발현한 것으로 보았고 칠정은 인간의 마음의 작용에 따라 선과 악이 있으며 기가 발현한 것으로 보았다. 그러나 율곡의 사상을 따르는 기대승은 사단은 칠정 가운데의 선한 것에 해당되며, 리는 기속에 자리 잡고 있으며 기만 발현하게 된다고 주장하였다.

10만 양병설 1583년 어느 날 율곡이 선조를 찾아서 다음과 같이 이야기하였다고 한다.

▸ **율곡**

■ 나라가 오랫동안 태평하니 군대와 식량이 준비되지 않아, 일본 오랑캐가 변경을 소란하기만 하여도 온 나라가 술렁입니다. 이런 상태로는 만일 큰 적이 침범해 온다면 어떤 지혜로도 이길 수 없을 것입니다. ■

-선조실록

그는 이렇게 말하면서 항상 전쟁 준비를 해야 한다고 주장하였고, 그 당시 변방에서 여진족과 마찰이 계속 있었기에 그의 주장은 진지하게 검토되었다. 또한 율곡은 10만 군사를 길러 외적의 침략에 대비하자는 10만 양병설을 주장하기도 했다. 이러한 그의 주장은 현실로 다가왔는데, 그것은 1592년 일본은 20만이 넘는 군사를 거느리고 임진왜란을 일으켰던 것이다.

퇴계와 율곡의 철학과 사상

1. 퇴계의 철학과 사상

❶ 리기동정론

주희가 태극도를 가지고 이론으로 정립한 리기론의 기본적인 사상은 불상리不相離 불상잡不相雜이란 근거에서부터 온다. 즉 리와 기는 서로 혼잡하거나 떨어지지 않는다는 말이다. 퇴계도 이러한 이론에 근거한다. 또한 리기 선후에 있어서 주희는 본래 리기의 선후는 없지만 차례를 따지자면 리가 먼저 있다고 말한다. 그러나 리란 기속에 존재한다는 것이다. 퇴계의 사단칠정이란 바로 불상리 불상잡의 원리에 의해서 움직여지는 것이다.

본래 주희는 태극은 사람과 같고 동정은 말과 같아서 말이 움직여야 사람도 같이 움직일 수 있다고 이야기한다. 퇴계는 이러한 주희의 이론을 통하여 태극에 동정이 있으니 태극자신의 동정이라고 말하면서 태극으로서 리란 최고근원자이며 제일의 운동자로서 유행의 근거로서 태극의 리임을 밝히고 있다. 이러한 태극인 리의 동정이란 인심의 동정이 아니다. 다만 퇴계는 인심동정의 이치는 천지동정의 이치임을 말하는데, 리동理動과 기동氣動이 함께 어우러져 있다는 것을 말해준다. 즉 퇴계는 태극의 리가 기 안에 존재하면서 동정의 근원임을 밝히고 있다.

❷ 사단칠정론

사단四端은 인간의 본성에서 우러나오는 도덕적 능력이며, 칠정七情이란 인간의 본성이 사물을 접하면서 표현되는 자연적인 감정을 말한다. 사단은 인仁, 의義, 예禮, 지智의 4가지로서 『맹자(孟子)』의 「공손추(公孫丑)」상편에 나오며 그 내용은 다음과 같다.

측은지심(惻隱之心) 남을 불쌍히 여기는 마음

수오지심(羞惡之心) 자신의 옳지 못한 행동을 부끄러워하고 남의 옳지 못함을 옳지 못하게 보는 마음

사양지심(辭讓之心) 겸손하여 양보하는 마음

시비지심(是非之心) 서로의 잘못을 분별하는 마음

칠정은 『예기(禮記)』의 「예운(禮運)」과 『중용(中庸)』에 나오는 인간의 자연적인 감정으로, 그 내용은 다음과 같다.

기쁨(희, 喜), 노여움(노. 怒), 슬픔(애, 哀), 두려움(구, 懼 혹은 즐거움 락, 樂), 사랑(애, 愛), 미움(오, 惡), 욕망(욕, 欲)

퇴계는 사단이란 리가 발하여 나타나는 것이고 칠정이란 기가 발하여 나타나는 것임을 말한다.

❸ 경(敬)의 사상

퇴계는 공자의 성선설을 바탕으로 선한 본성을 실현시키는 조건이 경敬이라고 말한다. 경의 의미는 자신의 의식을 한곳으로 집중시켜서 마음의 흐트러짐이 없는 상태로 매사에 조심하는 것이다. 퇴계는 경이 없이는 올바른 행위나 혹은 좋은 학문이 이루어지지 않는

다고 말하는데, 퇴계는 이러한 경을 바탕으로 인성교육의 핵심을 알려준다. 그것은 함양과 체찰이다. 함양이란 학식을 넓혀 심성을 닦는 것이고, 체찰은 몸으로 익혀 실천하는 것을 말한다. 이렇듯 경이란 다양한 모습으로 해석할 수 있다.

주일무적(主一無適) 나아가는 목표에 있어서 오로지 하나의 생각으로 그 목표를 실현하는 것을 말한다.

정제엄숙(整齊嚴肅) 항상 마음을 가지런히 하고 엄숙한 자세를 가지고 매사에 임하는 것을 말한다.

상성성법(常惺惺法) 항상 마음을 고요히 그리고 깨어있게 하는 것이다.

퇴계가 이야기한 경을 바탕으로 한 함양이란 쓸데없는 문장을 외우고 관련이 없는 여러 가지 지식을 많이 아는 것이나 입으로만 떠들거나 혹은 빨리 이루기 위하여 서두르는 것이 아니라 학문의 목적을 알고서 한곳을 지향하여 학문에 정진하는 것이다. 또한 경을 바탕으로 한 체찰이란 단순히 명상을 하거나 혹은 출세를 위한 방편이 아니라 일상생활 속에서 인격교육을 통한 궁리와 실천을 하는 것임을 말한다.

2. 율곡의 철학과 사상

❶ 태극음양론

율곡의 태극 음양론은 퇴계와 마찬가지로 주희가 주석했던 태극도의 이론을 따르고 있다. 그는 태극이란 하늘에게는 도道라 하며, 인간에게는 성性이라 할 수 있다. 이 말은 태극이란 천지와 인간의 근본이 됨을 알려주고 있다. 율곡에게 있어서 태극은 음양과 함께 어우러져 있으며 음양을 통하여 모든 천지만물의 변화를 가능케 한다. 율곡은 태극을 리로 음양을 기로 이해하고 있다. 음양의 동정 기능은 태극과의 묘한 조화 속에서 가능한데, 그 이유는 동정은 음양이 하며 음양이 존재하게 하는 것이 곧 태극이기 때문이다. 또한 태극 음양이란 서로 하나로 이루어지는 묘함을 전제로 이해해야 하며, 논리적으로는 태극이 음양을 앞서 있지만 존재론적으로는 태극과 음양의 선후는 있지 않다.

❷ 리기론

율곡의 리기론은 주희가 태극도를 주석하며 말한 리기론과 일치한다. 주희는 태극의 리를 천도天道와 인도人道를 일관하는 이치로, 만물을 낳는 근본의 개념으로 규정한다. 리란 인간의 도덕행위의 근거인 동시에 인간이 당연히 해야 하는 법칙으로 이야기한다. 리는 기가 있기 전 존재하며 존재론적으로는 선후가 없다. 이것은 이기가 둘이 아니요 하나이며, 나눌 수 없다는 것을 의미한다. 또한 리 자체가 동정하는 것이 아니라 기가 동정하는 소이가 된다는 것이다. 즉 기가 동하는 것에는 리의 동이 있으며, 기의 정에는 리의 정이 반드시 있다는 것을 말한다. 율곡에게는 리기가 절대로 떨어질 수 없지만, 리기 서로간의 독자성을 잃지 않는다. 이러한 부분은 나중에 이기지묘理氣之妙의 철학으로 계승된다.

❸ 성(誠)의 사상

퇴계가 경을 강조하며 그것을 중심으로 교육철학사상을 전개한 데 반해서 율곡은 성誠을 중심으로 한 성실을 중요시 했다. 성이란 그 한자어로 풀이하면 자신이 했던 말을 이룬다는 것이라 할 수 있다. 율곡은 배우는 자는 반드시 성실한 마음으로 도를 목적으로 잡된 생각과 세속적인 일에 흔들리지 않아야만 학문의 기초를 이룰 수 있다고 말한다. 그가 말하는 성이란 참이요 거짓이 없는 것이며, 나를 속이지 않는 동시에 남을 속이지 않는 것이며 자신에게 진실한 동시에 남에게 정성을 다하는 것을 말한다. 인간은 성을 떠나서는 참다운 인간과 훌륭한 학문을 이룰 수 없다. 그렇기에 참다운 인간의 모습은 인간답게 살려고 하는 애쓰는 노력인 성인 성실함 그 자체인 것이다. 그는 『중용』에서 성은 하늘의 도이고 성실하려고 노력하는 것은 인간의 사명이라고 한 말과 같이 인간의 자기 노력을 통하여 성을 실현하기를 원하였다. 이것은 공자가 가르쳐준 수기치인의 기존체계를 그대로 보여준다고 할 수 있다.

3. 퇴계와 율곡의 리와 기를 보는 관점의 차이

❶ 퇴계의 리기론 퇴계는 리를 선한 것으로 보고, 기를 악한 것으로 생각했다. 퇴계는 리와 기가 서로 상호관계에 있으며 서로 발한다는 이기호발설을 주장한다. 리가 강하면 선한 쪽으로 기가 강하면 악한 쪽으로 행할 수 있다고 생각했다. 퇴계에게 있어서 리란 사단이고 기는 칠정으로 본다. 사단은 도심이고 칠정은 인심으로 생각

하였다. 인심에서 도심으로 나아가기 위해서는 인욕을 막고 성찰과 수양이 필요하다고 하였다.

❷ 율곡의 리기론 반면에 율곡은 리기론에서 오직 발하는 것은 기뿐이며, 이는 기를 타고 있음을 말하였는데, 이것을 표현하여 기발이승설이라고 한다. 이것은 마치 주희가 리기론을 주석할 때 인간이 말을 타고 있는 형상과 같다. 율곡은 인심과 도심은 모두 기에서 발생되는데, 본연의 기를 타면 도심이 되고 변한 기를 타면 인심이 되기 때문에 한쪽으로 치우쳐 온전하지 못하게 된다고 말한다. 선하고 좋은 기를 타야 함을 역설하면서 교육의 중요성을 말하였다.

교육자로서 퇴계와 율곡의 리더십

성리학의 집대성자인 주희의 기본사상은 리기론을 바탕으로 한 통합적인 유교의 사상이다. 공자를 뒤이어 모든 인간은 선한 존재이지만 인간의 욕심을 통하여 악하게 되는 것을 리기론으로 설명한다. 주희의 사상을 이어받은 조선의 두 명의 성리학자 퇴계 이황과 율곡 이이는 리기론을 더욱 심화시켜 조선의 성리학적 사상을 더욱 성숙시키게 된다. 또한 이 두 철학자들의 인격과 지도자로서의 모습은 오늘날 지도자들이 생각해 보아야 할 사상이다.

1. 겸손의 리더십

퇴계와 율곡의 일생은 겸손의 일생이었다고 할 만큼 스스로 관직과 명예를 버렸던 것을 볼 수 있다. 퇴계는 젊은 시절 『주역』을 공부하면서 얻은 병을 핑계로 임금이 하사하는 중요한 직분을 아프다는 핑계로 마다하고 고향에 내려와 후학들을 가르치는 교육에 전념하였다. 또한 율곡도 40평생을 살면서 40번 이상이나 임금이 주는 직분을 거절하며 명예에 대한 욕심을 버리고 학문에 정진하였다고 한다. 이러한 겸손의 모습은 오늘날의 권세를 탐하는 정치인들에게 많은 귀감이 되는 내용이다. 그렇기에 조선시대 유학의 최고지도자인 퇴계와 율곡으로부터 배울 점이란 지도자는 겸손해야 한다. 또한 지도자가 겸손할 때 더 많은 사람이 따르는 지도자가 되는 것이다.

2. 경의 리더십

퇴계는 평생을 살면서 늘 경을 실천했던 지도자였다. 경이란 누가 보고 있든 안 보고 있든 상관없이 늘 깨어 있어 최선을 다하는 모습을 말한다. 전하는 말에 의하면 퇴계는 자신의 행동에 대해서 하늘이 보고 있다고 말했다고 한다. 그렇기에 퇴계는 조그만 쪽방에 있을지라도 하늘이 보고 있다는 마음으로 늘 최선을 다했다고 한다. 이러한 퇴계의 리더십은 현대의 정치지도자나 혹은 한 집단의 리더들에게 많은 의미를 가져다준다. 뒤만 돌아서면 행동이 달라져 버리는 정치지도자들의 모습 속에서 퇴계의 경의 실천은 현대를 사는 우리들에게 지도자란 어떠해야 하는지를 가르쳐 주고 있다.

3. 성의 리더십

율곡의 성이란 학문과 사람과의 관계에 있어서 성실한 태도를 이야기한다. 율곡은 그 당시 유교의 지도자이며 나라의 중책을 맡은 자로서 성의 모습으로 어떤 사람을 만나도 최선을 다하였던 훌륭한 인격자였다. 이것은 그의 리기론에서부터 나오듯이 지행합일의 결과이다. 현대의 많은 지도자들은 많이 알고 있지만 일의 실천에 있어 성실함보다 돈과 명예를 택하며 사람 사이의 올바른 관계를 등한히 여기는 경우가 많이 있다. 그러나 율곡이 가르쳐준 아는 만큼 더 성실하게 행한 모습은 오늘날 좋은 리더십을 보여주어야 할 지도자들에게 많은 의미를 부여하는 것이다.

학습문제

01 고려시대 서민 교육기관은 무엇인가?

① 향교 ② 학당 ③ 서당 ④ 성균관

02 다음 인물 중 구도장원공이라 불린 이는 누구인가?

① 이이 ② 이황 ③ 주자 ④ 공자

03 다음 중 퇴계의 공부방법은?

① 공경 ② 성실 ③ 경 ④ 묵상

04 다음 중 율곡의 공부방법은?

① 집중 ② 성 ③ 관상 ④ 묵상

05 퇴계와 사칠논변을 벌인 학자의 이름은?

① 기대승 ② 정약용 ③ 윤채호 ④ 조식

06 사단(四端)의 내용이 아닌 것은?

① 측은지심 ② 수오지심 ③ 사오지심 ④ 시비지심

학습문제

07 퇴계가 생각한 리기론은?

① 기발리승 ② 기승리발 ③ 이기호발 ④ 이기반발

08 다음 중 경의 모습이 아닌 것은?

① 주일무적 ② 활연관통 ③ 정제엄숙 ④ 상성성법

09 퇴계와 율곡의 리더십 중 잘못된 것은?

① 경 ② 성 ③ 겸손 ④ 정

10 다음 중 성과 경의 작용 중 다른 것을 고르시오.

① 겸손 ② 성실함 ③ 연약함 ④ 진실

참고문헌

금장태(2014). 한국유학의 탐구. 서울: 서울대학교출판문화원.
성균관대학교대동문화연구원(1994). 한국사상대계 4. 서울: 성균관대학교출판부.
신귀현(2001). 퇴계이황. 서울: 예문서원.
신창호(2010). 함양과 체찰. 서울: 미다스북스.
유명종(2000). 퇴계의 철학세계. 부산: 세종출판사.
윤사순(2013). 퇴계 이황의 철학. 서울: 예문서원.
윤사순(2012). 한국유학사 상·하. 서울: 지식산업사.
율곡학회(2006). 율곡 이이 사상과 철학의 이해. 강릉: 율곡학회.
이상은(1999). 퇴계의 생애와 학문. 서울: 예문서원.
이이(2013). 율곡집. 김태완 역. 서울: 한국고전번역원.
이종호(1994). 율곡: 인간과 사상. 서울: 지식산업사.
이황(2001). 성학십도. 서울: 홍익출판사.
예문동양사상연구원(2002). 한국의 사상가 10인(4): 퇴계이황. 서울: 예문서원.
예문동양사상연구원(2002). 한국의 사상가 10인(6): 율곡이이. 서울: 예문서원.
충남대학교 유학연구소(2007). 율곡학과 한국유학. 서울: 예문서원.
최영진(2007). 퇴계 이황: 사단칠정론, 성학십도, 무진육조소. 파주: 살림.
퇴계학연구원(2007). 퇴계를 알면 마음이 열린다. 서울: 글읽는들.
한동일(1985). 조선시대의 향교와 서당. 한국 교육학의 탐색. 서울: 고려원.
한영우(2013). 율곡 이이 평전: 조선 중기 최고의 경세가이자 위대한 스승. 서울: 민음사.
황의동(1998). 율곡 사상의 체계적 이해 1. 서울: 서광사.
황의동(2007). 율곡 이이: 성리학과 실학을 겸비한 실천적 지성. 파주: 살림.

소수서원 사진 http://www.yeongju.go.kr

제 7 장

동양의 리더 영조

생각의 시간 .... 맹모삼천지교(孟母三遷之敎)

공자의 제자로 잘 알려진 맹자는 가난한 선비의 집에서 태어났다. 맹자의 아버지는 일찍 세상을 떠났고 어머니와 함께 유년시절을 보내게 된다. 그가 어머니와 함께 이사하여 처음 살았던 곳은 공동묘지 근처였다고 한다. 그래서 그는 자연스럽게 동네 친구들과 상여가 오고 봉분을 만들고 상여꾼들이 노래를 부르는 흉내를 내며 놀았다고 한다. 이것을 본 그의 어머니는 '여기는 자식을 키울 환경이 못 되는구나'하고 시장 근처로 이사를 하게 되었다고 한다. 그곳에서 그는 장사꾼들의 파는 모습을 보고 그것을 따라 물건을 파는 시늉을 하게 된다. 그의 어머니는 '여기에서도 자식을 키울 만한 곳이 못되는구나'하고 곰곰이 생각한 후에, 그 당시 우리나라 조선시대 서당과 비슷한 학교 근처로 이사를 했다고 한다. 그곳에서 그는 학생들의 공부하는 모습을 보면서 그들을 따라 밖에서 보고 들으면서 공부를 했다고 한다. 이것을 보았던 그의 어머니는 여기가 자식을 키울 만한 곳이라고 생각하여 기뻐하였다고 한다. 이것이

> 바로 맹모삼천지교의 이야기이며, 우리는 흔히 맹모삼천이라고 말한다. 이러한 이야기는 흔히 우리 아이들에게 배우는 환경이 얼마나 중요한지를 알려주는 것이라고 생각할 수 있다.
>
> 그러나 다시 생각해 보면 왜 맹자의 어머니는 처음부터 학교 근처로 이사하지 않았을까?라는 의문을 가질 수 있다. 그렇다면 맹자의 어머니는 교육적인 의미로 이사를 한 것일 수 있다. 처음에는 모든 사람이 죽는다는 것을 가르쳐주고 두 번째는 벌어야 먹고 살 수 있다는 것을 가르쳐주고 나서 공부를 할 수 있도록 해준 것이 아닌가?라는 생각을 해본다.
>
> 공부도 중요하지만 인생을 가르쳐 주는 어머니의 인생교육도 중요하다. 현대사회의 우리 아이들이 너무 온실에서만 자라는 것이 아닌가? 그래서 오히려 인생교육을 받지 못하여 여러 가지 문제점들이 나타나고 있는 것이라고 생각해 본다.

영조와 숙빈 최씨의 생애

1. 영조의 일생

영조1694~1776는 조선의 20대 왕인 경종 후임으로 조선의 21대 왕으로, 재위 기간은 1724년에서 1776년으로 조선의 모든 왕들 중에서 가장 긴 왕이다. 재위기간으로 비교해 볼 때 아버지 숙종은 20년 영조는 52년으로 두 배가 넘는 왕의 기간을 누렸던 것을 볼 수 있다. 이름은 금昑이고, 자는 광숙光叔, 호는 양성헌養性軒이다. 영조는 어머니 숙빈 최씨의 두 번째 아들로 숙종의 넷째 아들이며, 경종의 이모

▸ **영조대왕**

제異母弟, 즉 배다른 아우이다. 영조는 1699년 연잉군延礽君에 봉해졌다. 그의 정비는 서종제徐宗悌의 딸 정성왕후貞聖王后이며, 계비는 김한구의 딸 정순왕후貞純王后이다. 숙종의 뒤를 이은 경종에게 후사後嗣가 없어 노론인 김창집金昌集 등이 왕세제王世弟 책봉을 상소하였고, 소론인 유봉휘柳鳳輝 등의 반대가 있었으나 경종 1년 8월에 책봉되었다. 그의 이복 형 경종이 재위 4년 만에 후사 없이 요절하게 되고, 경종의 죽음으로 오랜 세월 왕권을 향해 공을 들여온 왕세제는 마침내 1724년 조선의 21대 왕으로 즉위하게 된다.

즉위하면서 영조는 소론을 숙청하고, 한때 노론 정권을 수립했으나 붕당朋黨의 폐습을 통감하여 차츰 소론을 등용하고 1727년 이후 양파를 고르게 등용함으로써 탕평책蕩平策을 기본 정책으로 삼아 당쟁의 격화를 눌렀다. 한편 그는 가혹한 형벌을 폐지 또는 개정하여 인권 존중을 기하고 신문고申聞鼓 제도를 부활시키고, 금주령 및 균역법均役法을 제정하며 각 방면에 재흥의 기틀을 마련한 영주英主였다. 그러나 정치적으로 붕당의 파벌싸움으로 탕평책이 실패했고, 그로 인하여 둘째 아들인 사도세자장헌세자를 뒤주에서 굶겨 죽이게 한다. 대리청정 기간은 1749년부터 1762년까지 아들 사도세자가 왕세자 신분으로 대리청정을 하였고, 1775년부터 1776년까지 손자 정조가 왕세손 신분으로 대리청정을 하였으며, 영조는 1776년 왕으로 그의 생을 마감한다.

2. 숙빈 최씨의 일생

영조의 어머니로 알려진 숙빈 최씨1670~1718는 본관은 해주海州이며, 죽은 후 영의정으로 추증되었던 최효원崔孝元의 딸이다. 그녀는 7살 때 왕궁에 청소 일을 맡았던 무수리로 들어왔다고 하는데, 또 다른 설에 의하면 인현왕후仁顯王后가 숙종의 계비로 간택되었을 때 12세의 나이로 인현왕후를 따라 궁에 들어왔다는 이야기도 있다. 어쨌든 인현왕후를 섬기며 궁궐생활을 하다가, 희빈 장씨禧嬪張氏가 왕비가 되었고 인현왕후는 폐출이 된다. 그 이후에 주인을 잃은 그녀는 많은 시련을 겪었다고 한다. 그래서 그녀는 밤마다 인현왕후가 복위되기를 기도하였는데, 숙종이 밤늦은 시각에 궁궐 뜰을 거닐다가, 불이 켜져 있는 방을 발견하였다고 한다. 숙종은 밤늦게 불이 켜있는 것을 보고 의아하게 생각하고 그녀의 방문을 열었고, 방에는 여인 하나가 상을 차려놓고 절을 하고 있었다. 숙종은 "야밤에 무슨 일이냐?"하고 묻자 여인은 부들부들 떨며 "오늘이 폐비가 되신 인현황후의 생신이라 간단히 상을 차려놓고 절을 하고 있었습니다"고 했고, 그 말을 들은 숙종은 마음에 감동을 받아 하루저녁을 그곳에서 보냈다고 한다.

그 후에 최씨는 임신을 했고 숙종의 아이인 영수를 낳았는데, 2달 만에 세상을 떠났다. 이듬해 갑술환국으로 인현왕후가 복위된 후 연잉군을 낳았는데, 그가 영조임금이다. 그 이후에 숙의淑儀가 되었고 이어, 귀인貴人에 오르고, 1699년 정1품 숙빈淑嬪에 봉해졌다. 숙빈 최씨는 인현왕후仁顯王后가 죽은 후에 더욱더 숙종을 섬겼지만, 그 당시 희빈 장씨禧嬪張氏의 사건을 보고 숙종은 궁녀들이 왕비로 오르는 것을 금지하는 법을 만들었고, 이러한 법에 의하여 왕비가 되지 못하였다고 한다. 숙빈 최씨는 1718년 병으로 세상을 떠났다.

관계된 글과 그림

탕평채 탕평채(蕩平菜)는 한국의 궁중요리중 하나로, 채 썬 청포묵, 녹두싹, 쇠고기, 미나리, 물쑥 등을 그릇에 담아 간장, 참기름, 식초로 고루 버무린 후, 황백지단, 김, 고추를 가늘게 채를 썰어

고명으로 얹어낸 묵무침으로 주로 봄과 여름 사이에 먹는다. 이러한 탕평채는 단순한 음식이 아니라 나름대로의 의미를 가진 음식이다. 정조 때의 학자 정석모가 지은 『동국세시기(東國歲時記)』에 나와 있는 기록에 따르면 탕평채는 그 당시 조선의 붕당정치의 싸움 속에서 영조의 정치적인 화합 책으로 나온 탕평책을 통하여 만들어졌음을 알게 된다. 영조는 각 붕당 사이의 싸움과 정쟁 속에서, 그것을 해소하기 위하여 인재를 고루 평등하게 등용하는 탕평책을 실시하였다. 탕평채는 탕평책의 의미를 전달하기 위하여 만들어졌고 그 음식을 먹었는데, 탕평채에 들어가는 식재료의 색깔은 각 붕당을 상징했다. 청포묵의 흰색은 서인을, 쇠고기의 붉은색은 남인을, 미나리의 푸른색은 동인을, 김의 검은색은 북인을 각각 상징한다.

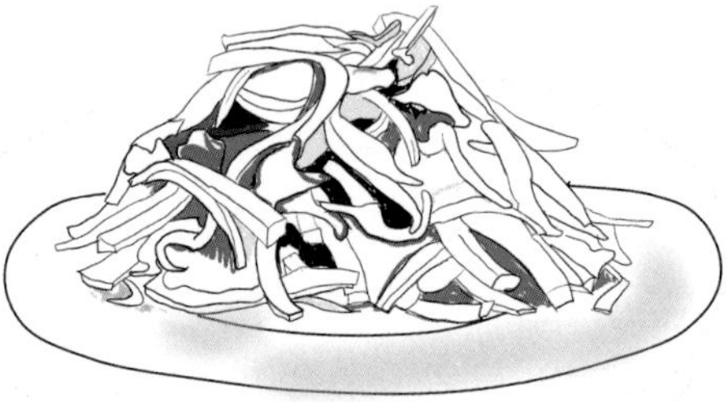

▸ **탕평채**

신문고 신문고는 1401년 태종1년에 안성학장安城學長 윤조尹慥와 전 좌랑 박전朴甸 등이 주국 송나라 태조가 등문고登聞鼓를 설치해 민의를 올리는 제도를 본받아 등문고를 설치해줄 것을 위하여 올린 상소에서부터 시작이 되었다. 백성들의 억울한 일을 해결해 주기 위한 목적으로 설치되었으며, 억울한 백성이 나와서 북을 치면 관리들이 나와서 일을 해결해 주었는데, 이것은 조선 개국 이래의 재상宰相

▸ 신문고

을 중심으로 하는 정치를 극복하고 왕 중심의 정치를 구현하려는 의도를 가지고 있었다. 또한 신문고는 한편으로 민의를 파악하기 위해 설치하였으나, 종사宗社나 자신에 대한 누명에 제한되었으며 노비가 자신의 주인이나 혹은 상관을 고발할 수는 없었다고 한다. 이 제도의 폐단은 노비나 관민 등은 그 효용이 미치니 못하였고, 주로 관리들이 이용을 하였다고 한다. 연산군 때 폐지되었다가 18세기 영조 때 부활하여 다시 실시하였다.

사도세자 조선의 21대왕으로 훌륭한 업적을 남긴 영조는 사실 한 가지 씻을 수 없는 오점을 남기게 되는데 그것은 그의 사도세자의 죽음이다. 영조는 1735년 42세 때 사도세자를 얻게 된다. 사도세자는 어릴 때 총명하고 재능이 뛰어났기에 15세가 되던 해 대리청정까지 맡기게 된다. 그러나 대리청정을 통하여 보여준 사도세자의 방탕함은 말로 할 수 없었고, 세자의 생모가 영조에게 직접 사도세자에게 벌을 내릴 것

▸ 뒤주

을 요구했다고 한다. 비록 사도세자는 당쟁의 희생물로 기록되어 있으나 전하는 말에 의하면 영조는 사도세자를 사약이나 목을 치면 사도세자의 아들, 즉 세자인 정조가 대를 이을 수 없기 때문에 뒤주에서 굶겨 죽였다고 한다. 또한 사도세자는 성격이 포악하여 옆에 있는 내관들이나 궁녀들을 함부로 죽이곤 하였고 이러한 폭력적인 살인 행위가 사도세자의 죽음을 부른 직접 혹은 간접적인 원인으로 작용했을 것으로 생각해 본다.

3. 영조의 정치적 배경

영조가 등극한 18세기 초는 몇 세기 동안 계속된 붕당정치로 인하여 서로간의 대립이 극에 달해 있었다. 각 당파 간의 세력다툼은 자신들의 정치적인 생명뿐만이 아니라 목숨도 걸어야 하는 상황에 처했다. 그렇기에 붕당의 싸움은 서로 살아남기 위해 수단과 방법을 가리지 않았으며 이러한 모양은 마치 들짐승들의 싸움터를 방불케 했다. 아버지 숙종이 임금으로 재위할 기간에 남인과 서인의 대결구도는 경신환국으로 남인이 몰락하였으며, 이후에 남인에 대한 처벌 문제로 서인들은 노론과 소론으로 분열되었다. 여기서 노론이란 남인에 대한 처벌 수위를 높이라고 목소리를 내었고, 소론은 비교적 온건하게 대처하자고 했던 것이다. 이렇게 대립을 했던 소론과 노론의 대립은 숙종의 뒤를 이은 다음 왕의 재위 기간에도 또다시 당쟁 싸움을 예고하고 있었다.

소론과 노론의 싸움은 숙종의 후손인 연잉군과 그의 배다른 형의 편갈림으로 시작이 된다. 배다른 형이며 훗날 왕이 된 경종을 등에 업은 파는 장희빈과 운명을 같이 했는데, 남인에게 동정적이었던 소론이 밀고 있었으며, 연잉군은 남인에 대해 강경책을 펴야 한다고 주장했던 노론이 밀고 있었다. 남인을 등에 업은 희빈 장씨는 왕자 윤을 얻게 되면서 후사가 없었던 인현왕후를 폐비로 전락시키게 되는데 그 사건을 기사환국己巳換局 1680, 숙종 6년이라고 한다. 이 사건을 통하여 남인은 정치적인 중심에 서게 된다. 1694년숙종 20년 서인들은 폐비 민씨인현왕후 복위 운동을 하게 되는데, 그것을 반대하던 남인이 오히려 화를 입어 권력에서 물러나게 되고 서인이 다시 정치무대에 복귀하는 사건이 일어나게 되는데, 그것을 갑술환국甲戌換局이라고 한다. 이 사건이 일어난 가장 커다란 이유는 기사환국 이후에 희빈 장씨의 행동이 방자해지고 불미스러운 일이 거듭되자 숙종은 인현왕후에게 마음이 돌아서게 되었던 것이다.

숙종은 서인들이 주장하는 폐비 인현왕후 복위 운동을 지지하고 남인을 제거하게 되며, 그로 인해 희빈 장씨는 사약을 마시고 죽게 된다. 이렇게 희빈 장씨를 제거한 노론세력은 왕세자인 윤이 왕위에 오르는 것을 막으려고 했으나 막지 못하고 경종은 왕위에 오르게 된다. 비록 경종은 왕위에 올랐으나 어머니인 희빈 장씨가 죽을 때에 충격으로 심신이 허약해졌고 후사가 계속해서 없게 되었다. 이 틈을 탄 노론 세력은 숙종으로부터 경종을 뒤를 연잉군훗날 영조이 잇도록 하라는 명을 이끌어낸다.

그러나 이러한 노론의 지나친 행동은 허약한 경종을 무시하여 연잉군의 대리청정까지 얻어냈지만 노론들의 무리한 행동은 결과적으로 경종과 화합한 소론의 반격을 받게 되었다. 노론의 김창집, 이이명, 이건명, 조태채가 유배를 가는 사건이 나게 되는데, 이것이 신축옥사辛丑獄事, 1721라고 한다. 또한 이러한 노론의 무리한 행보는 이듬해 노론이 경종을 시해하려 하였다는 소문으로 4명의 대신과 60여 명의 노론 사람들이 처형을 당하고 170여 명이 유배를 가는 사건이 일어나는데, 이것이 임인옥사壬寅獄事, 1722라고 한다. 또한 연잉군도 이러한 모의에 참가한 것으로 알려져 어려움을 당했지만 가까스로 자리를 유지할 수 있었다. 이러한 상황에서 경종은 재위 4년 만에 후사 없이 세상을 떠나게 된다. 경종의 죽음으로 노론들과 연합한 연잉군은 영조로 1724년 조선의 21대 왕으로 즉위하게 된다.

교육의 중요성

자신이 원하든 원치 않든 지지하는 신하들의 당색에 의해 정치적 색깔을 정해야만 했던 숙종의 두 아들 왕자 윤과 연잉군은 불행한 이복형제였다. 왕세자인 윤은 아버지 숙종의 변덕스런 사랑으로 궁녀에서 왕비로 다시 희빈으로, 끝내는 사약으로 생을 마감한 장희빈의 아들이라는 부담감이 있었고, 연잉군은 비록 세력이 큰 노론의 지지를 받았지만, 그의 어머니 숙빈 최씨가 천인인 무수리 출신이라는 출생의 콤플렉스를 안고 있었다. 사실 영조는 왕이 되기 어려웠던 위치에 있었다. 아버지 숙종과 희빈 장씨에게서 난 이복형인 경종이 있었으며 숙종의 총애를 받던 이복동생인 숙종의 여섯 번째 아들인 연령군이 있었다. 그러나 연령군은 숙종 말기에 젊은 나이에 세상을 떠나게 된다. 또한 경종은 살펴본 대로 몸이 허약했으며 후사도 없었다. 사실 경종의 건강이 그렇게 악화되지 않았더라면 영조는 왕위에 오르기 쉽지 않았었다. 또한 연잉군은 소론과 노론의 당정싸움 속에 중심에 있게 되면서 경종과 길을 같이한 소론들의 거센 공격을 당하게 된다. 희빈 장씨와 어머니 숙빈 최씨의 관계 그리고 이복형제들과의 관계는 서로 칼을 겨누어야 하는 불편한 적대관계가 된다. 사실 영조는 이러한 어려운 관계 속에 있었고 자신의 출생 신분에 대한 콤플렉스도 상당했었는데 이것은 평생 동안 영조에게 정신적인 스트레스로 작용을 한다. 그러나 영조가 가지고 있었던 위대한 사상이란 자신의 정신적인 콤플렉스를 인정하고 창조적인 에너지로 발산하는 자세에 있었던 것이다. 영조는 자신의 출신 성분에 대해서 인정하고 그것을 오히려 자신의 발전의 기회로 삼게 된다. 이러한 에너지는 조선의 21대 왕으로 탕평책, 신문고 제도부활, 균역법 등 많은 업적을 낳게 된다.

1. 숙빈 최씨와 희빈 장씨

조선의 20대 왕인 경종의 어머니 희빈 장씨와 21대 왕인 영조의 어머니 숙빈 최씨는 두 사람 다 평범한 사람들이었지만, 궁중에서 왕의 후궁으로 왕세자를 낳아서 후대에 경종과 영조가 된다. 그러나 똑같은 조선의 왕이었지만 재위 기간과 업적에 있어서 너무나 많은 차이가 있었음을 볼 수 있다. 경종의 재위 기간은 4년이고 영조는 52년 동안 재위하였다. 또한 경종은 재위 기간 동안 이복동생과 노론의 공격에 대해서 그리고 어머니가 사약으로 죽음을 당하는 것을 경험해야만 하는 고통스럽고 불행한 삶을 살았고, 정조는 조선의 역사동안 가장 안정된 기간을 영위했던 왕으로 전해진다. 그러면 왜 이런 차이가 있었을까?라는 질문을 했을 때 경종과 영조의 어머니인 희빈 장씨와 숙빈 최씨의 행동을 보고 그들이 자신들의 자녀들에게 했었던 교육에 대해서 생각해 보는 것은 중요한 일이라 여겨진다.

2. 경종과 영조의 비교

전해오는 이야기에 따르면 경종의 어머니 희빈 장씨가 사약을 받을 때에 숙종에게 자신의 아들인 경종을 한 번만 보고 싶다고 윤허해달라고 했다고 한다. 숙종은 처음에 거절을 했지만 마지막에 가서는 그것을 허락을 했다. 희빈 장씨는 자신의 아들인 경종을 보는 순간에 돌연 아들의 남근을 움켜잡았고 경종은 그 사건 이후 항상 시름시름 앓고 남성구실을 하지 못했으며 자식을 보지 못했다고 한다. 이 이야기를 보면서 어머니의 행동이 얼마나 자녀들에게 중요한 것임을 실감하게 한다. 실제로 희빈 장씨는 권세에 대한 자신의 야욕이 넘쳐나 인현왕후를 폐비로 만드는 일을 저지르게 된다. 또한 자신이 권력을 잡은 후 행동을 함부로 하여 왕인 숙종으로 하여금 폐비 인현왕후를 다시 돌아보게 하였으며, 계속해서 자신의 정치적인 입지가 좁아지자 1701년숙종 27년 8월 14일 인현왕후가 죽었을 때,

희빈장씨가 취선당就善堂 서쪽에 신당神堂을 설치하고 왕비가 죽기를 기도한 일이 발각이 되었다. 이 일로 인하여 희빈 장씨는 영원히 넘어올 수 없는 다리를 건너게 되었다. 이에 반해서 숙빈 최씨는 인현왕후가 폐비가 되었을 때에도 의리를 지키고 복위되기를 기도했으며, 스스로 자중하며 대의를 따랐던 것을 볼 수 있다. 이러한 두 어머니의 모습은 교육적 의미를 담보한 행위로 볼 수 있으며, 자신들의 아들인 경종과 영조의 삶과 인격에 상당히 많이 작용했음을 알 수 있다.

영조의 철학과 사상

영조는 무수리의 아들로 태어나 출생성분의 부족한 점을 승화시키고 어려운 환경 속에서 왕이 되었고, 왕으로 등극이 되어 자신의 사상과 철학을 통하여 많은 업적을 남겼다. 다음은 그가 남긴 주요업적이다.

1. 탕평책

탕평蕩平이란 용어는 『상서(尙書)』 홍범구주洪範九疇 제5조인 황극설皇極說에서 나온 말로서, 본래는 임금이 사심이 없고 공평하게 정치를 한다는 말에서 나온 용어이다. 조선시대에는 숙종이 붕당의 파벌을 화합하기 위하여 탕평책을 처음 시행했으나 실패하였고, 당쟁의 아픔을 경험한 영조는 그 폐단을 없애고자 탕평의 필요성을 역설하는 교서敎書를 내려 탕평정책의 의지를 말하였고, 노론과 소론을 골고루 등용하도록 하였다. 이와 같은 그의 탕평책에 의한 화해기운 조성에도 불구하고 뿌리 깊은 당파의 대립은 계속되었다. 영조를 이은 정조도 탕평책을 계승하여 노론 및 소론뿐만 아니라 출신을 가리지 않고 서얼庶孼도 인재라면 등용을 하였다.

2. 균역법실시 및 세수확충

조선시대에 병역의 의무는 양반이 아닌 양인에게만 있었다. 그런데 중종 1541년 군적수포제가 실시되어 병역의무자들은 2필의 군포를 국가에 바치고 병역을 면제받고, 그 경비로 군대를 모집하여 봉급을 지불하는 모병제 형태로 되었다. 그러나 군포 수납과정에서의 수령과 아전의 비리와 부패가 심해져 양인들의 불만이 적지 않았다. 영조는 즉위 후 1750년 7월에는 균역법을 실시하여 일반 백성들에게 부담이 되었던 2필을 1필로 감하고 어염세, 결전세 등을 부과해 결손을 채우게 했다. 1729년에 궁전 및 둔전에도 정액을 초과하는 것에 대하여서는 과세를 시켰고, 오가작통 및 이정의 법을 지키게 하여 탈세를 방지했다. 또한 고위관료들의 세금포탈과 부정부패를 틀어막고 국가 예산을 위해 자원을 모았다.

3. 신문고제도

신문고제도는 중국 송나라에서 실시한 것을 모방하여 조선 초기에 항고 및 직접고발 시설의 하나로 신문고를 설치하였다. 임금의 직속 단체인 의금부당직청義禁府當直廳에서 이를 주관하여, 북이 울리는 소리를 임금이 직접 듣고 북을 친 자의 억울한 사연을 접수하여 처리하도록 하였다. 그러나 실제로 사용하는 사람이 주로 서울의 관리들이었고 일반 상인常人이나 노비 등 일반 백성들에게는 거의 효용이 없었다. 연산군燕山君에 이르러 이 제도가 폐지되었다가 1771년 영조 47년 11월에 부활되었다.

4. 가혹 형벌 폐지 및 인권보호

1725년 영조는 그 당시 인권에 대한 심각한 형벌인 압슬형壓膝刑 및 1732년에 낙형烙刑 그리고 1740년에는 얼굴에 글자를 새기는 형벌을 금지하였다. 또한 사형을 받지 않고 죽은 자에게는 추형을 금지시켰으며 1729년 사형수에 대해서는 삼복법사형 전 세 번을 조사함을 엄격히 시행하여 사형에 신중을 기하게 하였다. 1774년 개인들 간의 형벌도 엄금시켜 인권을 존중했다. 1730년에 양처소생은 모두 모역에 따라 양인이 되게 하였으며, 남자는 부역, 여자는 모역에 따르게 하여 양역을 늘리며 여자들의 어려움을 조금이나마 해소하였다. 또한 서얼도 관리로 등용시키는 기반을 마련하였다.

5. 청계천 준설 및 속대전 편찬

지금의 서울인 한양 도성 가운데를 흐르는 개천을 오랫동안 준설하지 않아 홍수 때 범람이 잦아 1760년에 준천사濬川司를 세우고, 1773년 6월에는 개천의 양변을 돌로 쌓아 흙이 내려가지 않도록 청계천을 준설하였다.

1743년에는 조선왕조의 법치체계를 재정비하는 의미로 『수교집록』 속편을 집필하고 이것을 발전시켜서 『속대전』과 『속오례의』를 편찬하였다.

영조의 리더십

숙빈 최씨는 무수리로 궁중에 들어가 숙종의 빈이 되어 아들인 영조를 낳았고, 영조는 피비린내 나는 당쟁싸움 속에서 천신만고 끝에 이복동생 경종이 요절하여 조선의 21대 왕으로 등극하게 된다. 그는 조선시대의 가장 긴 재위기간과 비교적 가장 평온하게 왕권을 유지하게 된다. 특히 그가 이룩한 업적들 중 인권에 관련된 것들은 그의 어머니가 무수리 출신이며 영조 자신도 출신성분 콤플렉스가 있었기에 그 당시 양인이기에 괴로움을 당했던 설움을 조금이나마 이해했던 것으로 보인다. 이러한 그에게 어떠한 리더십을 가지고 있었기에 훌륭한 업적을 이루어 낼 수 있었는지 알아보면 다음과 같다.

1. 자기 자신을 인정하는 리더십

자신의 콤플렉스나 단점들을 상대편에게 인정하는 것은 쉽지 않는 용기를 가진 사람들만이 할 수 있다. 영조의 어머니 숙빈 최씨와 영조는 자신의 신분을 철저히 이해하고 순응했던 인물들이며, 이러한 자신을 인정하는 모습 속에서 영조는 즉위 후 창조적인 리더십을 발휘했으며, 그 결과 훌륭한 업적들을 낳는 결과를 초래하게 된다. 반면에 희빈 장씨는 자신의 약점을 가리기 위하여 모든 권모술수를 이용하여 인현왕후를 폐비시킨 결과 자신이 스스로 사약을 받게 되고 사랑하는 아들까지도 제 구실을 못하게 되었다. 그렇기에 지도자에게는 자신의 모습을 스스로 인정하며 그곳에서 창조적인 에너지를 발산하는 것이 중요한 일임을 알 수 있다.

2. 화합의 리더십

영조는 조선의 어느 누구의 왕보다도 화합의 왕이었다. 비록 노론과 소론의 치열한 당쟁 속에서 노론의 비호 아래 왕이 되었지만, 그는 노론과 소론을 중용하는 탕평책을 쓰고, 신분의 고하를 막론하고 인재를 등용했던 훌륭한 지도자였다. 백성들의 상생의 화합을 위하여 너무 중한 벌과 인격적으로 모독을 주고 고통스러운 형벌을 없애고, 억울한 사람들을 위하여 신문고를 부활시키며, 양인들을 위하여 세금을 줄이는 균역법을 통하여 모든 백성들의 화합을 이끌었던 지도자였다. 서로의 생각이 달라 분리와 분할을 계속하는 현대산업

사회 속에서 이러한 화합을 이끌어내는 지도자의 모습은 이 시대에 꼭 필요한 지도자상임을 다시 생각하게 된다.

학습문제

01 맹자의 어머니가 맹자를 위해 3번 이사 갔던 일을 일컫는 한자 사자성어는 무엇인가?

① 맹자삼천 ② 맹모삼천 ③ 맹자삼회 ④ 맹모삼회

02 숙빈 최씨는 원래 궁중에서 어떤 직책을 가지고 있었나?

① 빈 ② 무수리 ③ 황후 ④ 귀인

03 조선시대 영조 이전의 왕은 누구인가?

① 정조 ② 숙종 ③ 경종 ④ 태조

04 영조의 업적이 아닌 것은?

① 균역법 ② 성리학 ③ 신문고 ④ 탕평책

05 다음 중 탕평책에서부터 만들어진 음식은?

① 잡채 ② 탕평채 ③ 순두부 ④ 청포묵

06 숙종이 가장 총애한 숙종의 여섯 번째 아들의 이름은?

① 연령군 ② 연잉군 ③ 연산군 ④ 식령군

학습문제

07 백성들의 억울한 일을 해결해 주기 위한 목적으로 설치한 것은?

① 속대전 ② 신문고 ③ 탕평채 ④ 균역법

08 영조의 아들로 뒤주에 갇혀 죽은 인물은?

① 영현세자 ② 숙종 ③ 사도세자 ④ 연잉군

09 영조의 리더십 중 잘못된 것은?

① 자기 자신을 인정 ② 창조 ③ 화합 ④ 자기비하

10 영조의 업적이 아닌 것은?

① 균역법 ② 탕평채 ③ 신문고부활 ④ 청계천준설

참고문헌

강현규(2014). 영조의 말: 우리가 미처 몰랐던 영조대왕의 진면목. 서울: 소울메이트

고석규 외(1996). 역사 속 역사읽기. 서울: 풀빛.

공준원(2009). 오궁과 도성. 서울: 세계문예.

김백철(2011). 영조. 서울: 태학사.

김수지(2015). 영조와 사도. 서울: 인문서원.

김종성(2010). 최숙빈: 숙종시대 여인천하를 평정한 조선 최고의 신데렐라. 서울: 부키.

박상진(2005). 내시와 궁녀. 서울: 가람기획.

손영식(2005). 조선의 역사와 철학의 모험. 울산: 울산대학교출판부.

신명호(2015). 영조의 통치이념과 개혁. 서울: 한국학중앙연구원출판부.

신창호(2010). 숙빈 최씨 영조를 가르치다. 서울: 써네스트.

우리역사나눔회(2014). 경종, 영조 조선왕조실록 8. 서울: 무지개.

유종문(2006). 조선왕조실록. 서울: 아이템북스.

이명호(2007). 조선왕비실록. 서울: 역사의 아침.

이성무(2012). 조선국왕전. 파주: 청아출판사.

이영춘(2013). 영조의 어머니, 숙빈 최씨. 서울: 한국학중앙연구원출판부.

이윤우(2010). 최숙빈의 조선사. 서울: 가람기획.

임민혁(2010). 영조의 정치와 예: 부, 해유와 문치. 서울: 민속원.

정연식(2015). 영조 대의 양역정책과 균역법. 서울: 한국학중앙연구원출판부.

최선경(2007). 왕을 낳은 후궁들. 서울: 김영사.

한국학중앙연구원(2005). 조선왕실의 여성. 서울: 장서각.

제 8 장

서양의 리더 소크라테스

생각의 시간 ·· 소피스트(Sophist)

소피스트는 '지혜로운 자' 혹은 '현명하고 신중한 자'를 뜻하는 그리스어에서 유래 했으며, 기원전 5세기경에 살았던 철학자들이다. 시기적으로는 그리스가 페르시아 전쟁에서 승리한 후 큰 번영을 누린 때이다. 그리스의 수도 아테네는 모든 교역과 정치의 중심지로 확고하게 자리를 잡았으며, 아테네 중심에서는 교양 수준, 민주의회가 열렸다. 또한 법정에서는 자신들을 변호할 연설이 점점 중요하게 대두되었다. 그리스인들에게는 어디에든 적용될 수 있는 보편적인 법과 제도에 대한 의문을 야기했으며, 이에 따라 설득을 목적으로 한 웅변술에 능했던 소피스트들의 인기가 높아졌다. 소피스트란 단어는 본래는 현인이나 시인, 장인, 철학자들에게 존중하는 의미로 사용되었던 말이었으나 웅변술과 상대주의를 설파하는 교육자를 뜻하는 말로 고착화되었다. 그들은 여러 도시들을 여행하며 사람들에게 수사학의 지식과 재주를 가르치고 보수를 받았다. 대표적인 소피스트로는 프로타고라스(Protagoras), 고르기아스(Gorgias), 프로디코스(Prodicos),

> 히피아스(Hippias), 트라시마코스(Thrasymachus) 등이 있다.
> 오늘날 현대의 법정은 설득력보다 권력과 돈과의 싸움이 되어버렸다. 실제로 한국 사회에서 법적인 논쟁이 생기면, 개인이 커다란 회사를 상대로 이길 수 있는 확률이란 달걀로 바위치기만큼 어렵다. 법정에서 전관예우가 강하게 드러나며 돈이 오고가지 않으면 뛰어들려고 하지 않는 유명한 변호사들, 이러한 법적인 환경 속에서 스스로 변호를 한다는 것은 어쩌면 어리석은 일이 되어버렸다. 이러한 모습을 보면서 고대 아테네에서 일어났던 자유로운 토론과 이상을 향한 공방은 우리들이 늘 꿈꾸는 모습이 아닌가 생각해 보며, 자본주의로 물들은 현대사회에서 배워야 할 점이라고 여겨진다.

소크라테스의 생애

◆ 소크라테스의 일생

소크라테스는 기원전 470~399에 그리스에 살았던 철학자로, 그리스 아테네에서 중류층 평범한 서민의 가정에서 태어났다. 부친인 소프로니코스는 카르타고 출신이며 조각가였으며, 모친인 파이나레테는 산파였다. 소크라테스는 50살이 되어 크산티페와 결혼하여 3명의 아들을 두었다고 한다. 그는 왜소한 체격과 투박한 외모를 가진 것으로 알려져 있으며, 느긋한 성격으로 사색을 많이 하고, 체력이 좋고 참을성이 많았던 것으로 알려졌다. 그는 평생 부와는 거리가 먼 가난한 삶을 살았다고 한다. 그의 성장배경과 교육과정은 잘 알려져 있지 않지만, 어린 시절 보통 교육을 받고 성장을 했고, 기하학과 천문학 자연학 등의 교육도 받았다. 성장하면서 아버지와 함께 석공일도 하였고, 나이 들어 늙어서까지 배우는 것이 부끄러울 것이 없다고 말하며 리라하프의 일종를 배웠다고 한다.

그는 사십을 전후로 하여 자신의 학문체계, 철학적 사상과 방법론을 확고하게 하였다. 그는 사람들과 문답법질문법 혹은 산파술이라는 것을 통하여 대화를 하였다. 그는 지식에 대해 아는 것보다 실천하는 것이 더 중요하다는 것을 알고 있었기 때문에, 다른 사람들과 문답의 주제는 대부분 실천에 관한 것들 이었다. 즉 그 주제 중 중심이 되는 것은 행복하고 착하고 용기 있게 살기 위한 실천을 어떻게 할 것인가의 토론이었다고 한다. 또한 그는 그러한 토론을 통하여 자신의 제자를 많이 두었다고 한다.

그는 사람이 영혼과 육체로 되어 있으며, 육체보다는 영혼을 더 소중하게 생각했다고 하는데, 소크라테스 이전의 있었던 피타고라스 학파의 영혼불멸 사상을 이어받아 그것을 신봉하였다. 그래서 소크라테스의 사상은 영혼에 중요성에 대해서 자주 언급이 되고 있다. 그는 자신을 아테네에서 가장 현명한 사람이라고 말했는데, 그 이유는 "자신만이 자신이 아무것도 모른다는 사람을 알고 있었기 때문"이라 말했다고 한다. 그리고 그는 평생 사람들에게 '너 자신을 알라'라고 말했다고 한다. 아테네에서는 소크라테스 이전에 이미 다양한 종교적인 견해가 등장했으며, 일부 소피스트들의 극단적인 윤리적 사상까지도 허용하는 등 매우 자유로운 분위기였다. 그렇기에 소크라테스도 자신이 그러한 분위기 속에서 70평생을 자유롭게 토론하고 가르치면서 살았다고 한다. 그는 아테네 시민들에 의해 기원전 399년에 신성모독과 청년들을 현혹한다는 죄목으로 사형판결을 받았다. 소크라테스의 죄목은 두 개였는데, 하나는 종교적인 죄요, 또 하나는 윤리적인 죄였다. 그의 친구인 크리톤은 그의 죽음을 안타깝게 생각하여, 탈옥을 권유 하였지만, 그는 '악법도 법이다'는 유명한 말을 남기고 죽음을 택하여 독배를 마시고 죽게 된다. 소크라테스 자신은 살아서 부끄러움을 택하느니 죽음으로서 명예를 지키는 것을 선택하였다.

관계된 글과 그림

피타고라스학파(Pythagoreans) 피티고라스의 출생에 관한 정확한 정보를 알 수 는 없지만 B.C. 6세기경에 소아시아 이오니아 연안의 사모스섬에서 태어났다고 전해진다. 피타고라스는 어려서부터 음악과 예술 그리고 체육에 관심이 많아서 리라 연주, 그림, 운동을 배웠고, 상인인 아버지를 따라 장사를 하러 다니기도 했다. 피타고라스는 스승이었던 탈레스Thales를 만났고, 그의 격려 속에 이집트로 23년간 유학을 떠나 배웠다. 그는 이집트와 메소포타미아 문명을 접하고 56세에 고향으로 돌아왔고, 그 후에 이탈리아의 식민지였던 크로톤섬에서 수도원 성격을 띤 최초의 공동체를 결성하였다. 이러한 그의 공동체는 영혼의 윤회사상을 가르쳤으며, 채식주의를 따랐고 백

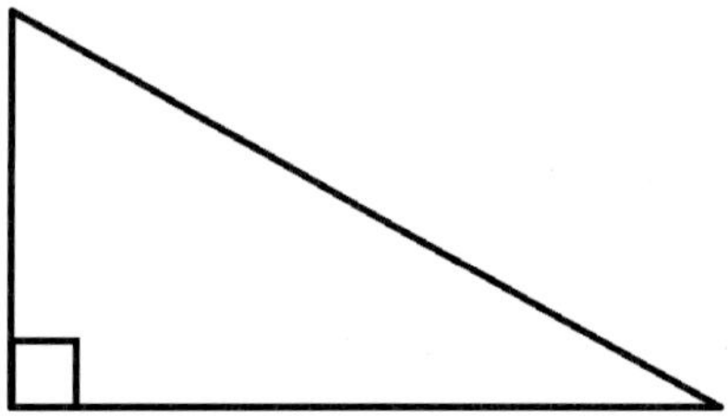

▸ **피타고라스의 정리**

직각삼각형에서 밑변의 제곱 + 높이의 제곱 = 빗변의 제곱

색의 옷과 담요를 사용하였다고 한다. 그가 세운 학파는 그들의 교리를 외부에 알리는 것을 금지했고, 알리게 된다면 피타고라스의 이름으로 발표했다고 한다. 그가 발견한 피타고라스의 정리 등은 이미 이집트의 피라미드에서 사용된 수의 길이와 일치한다고 전해지며, 전하는 말에 의하면 피타고라스학파가 피라미드에 사용된 수의 체계를 도용한 것으로 생각하기도 한다. 또한 피타고라스학파는 동방의 비의儀를 받아들인 영혼과 육체의 이원론이나 영혼불멸, 윤회설輪廻說 등을 그들의 세계관에 포함시켰다고 한다.

피타고라스학파의 상징 피타고라스학파는 황금비율을 나타내는 정오각형을 자신들의 대표적인 상징으로 사용했다. 이 그림의 정오각형 중에서 삼각형의 비율을 5 : 8 = 1 : 1.618로 나누었는데 이 공식은 완전에 가까운 비율로 지금도 건축 및 미술 등 여러 분야에서 다방면으로 사용되고 있다.

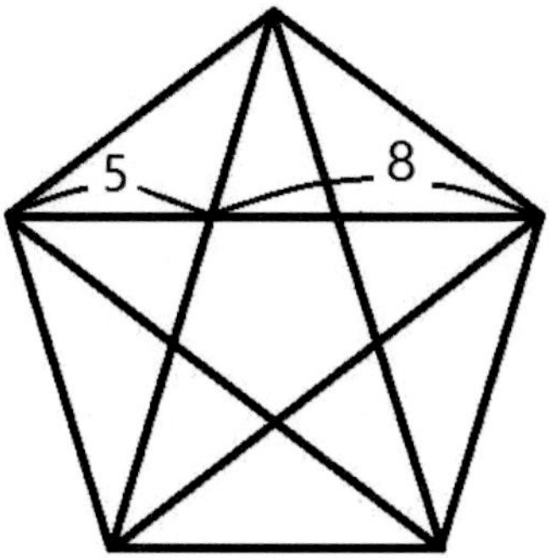

▸ 피타고라스학파의 황금비율

소크라테스의 철학과 사상

1. 폴리스(Polis)에 대하여

소크라테스가 살았던 그리스 반도의 아테네에서 전통적으로 지켜왔던 폴리스인간의 공동체, 도시국가에 대해 소크라테스는 그 생각을 달리했다. 그 당시 폴리스에 속한 하나의 시민은 자신의 삶의 형태와 공동체에 미치는 결정 사항에 대해서 그들의 의견과 생각을 많은 사람들과 토론하고, 더 나아가 공동체가 상정한 문제들에 대해 결정을 위하여 투표를 할 수 있으며, 그 법안이 만들어지는 데 영향을 끼칠 수 있다고 여겼다. 그리스인들에게 있어서 폴리스란 원시형태의 공동체나 혹은 다른 공동체와는 다르게 특별한 성격을 가지고 있다고 생각했는데, 그것은 자유시민의 공동체였다. 폴리스는 자율적으로 통치되었고, 아테네에서 자유인으로 태어나는 모든 사람이 시민이었으며, 이 시민들은 번갈아 가면서 통치를 하며, 모든 시민은 법률을 제정하는 것에 관여를 할 수 있었다. 또한 그들은 배심원이 될 수도 있었다.

그러나 소크라테스는 이러한 폴리스의 개념에 대해 다른 의견을 제시하면서 그 당시 많은 학자들과 사람들에게 격렬하게 논쟁을 하였다. 그는 완전한 정치체제란 아테네의 폴리스 같은 체제가 아닌 온전한 하나의 왕이 통치하는 절대적인 왕정 체제와 비슷한 체제를 꿈꿨던 것이다. 즉 하나의 목자가 양떼를 사랑하듯이 하나의 완전한 통치자가 모든 사람을 통치하는 도시를 구상하였다. 통치하는 자는 철인이며 최고의 지식인이며 덕을 가진 정치인이다. 그러나 그리스인들은 절대적인 왕정을 하는 자가 아무리 자애로운 왕일지라도 하나의 공동체는 절대적인 한 사람에게만 맡길 수 없다는 것을 표명하였으며, 스스로 아테네와 같은 폴리스를 원했다.

2. 덕과 지식에 대하여

소크라테스에게 있어서 덕은 지식과 생각을 동일시했다. 만일 덕과 지식을 같은 선상에 놓을 수 있다면 덕을 가르칠 수 있는 가능성이 열리게 된다. 이것의 의미는 폴리스로 규명된 아테네에서 귀족뿐 아니라 신흥 중간 계층인 상인들 그리고 평민들도 지식을 통하여 덕을 배울 수 있게 된다. 이것은 그들의 폴리스에서 자신들의 목소리를 높일 수 있는 기회를 가질 수 있게 된다. 그러나 소크라테스는 참된 지식이란 절대적인 정의를 통해서만 얻을 수 있음을 지적한다. 이러한 점은 자신이 속했던 그리스 아테네 시민들과 다르게 생각했던 점이다. 이러한 참된 지식이란 소크라테스 스스로 조차도 얻기 힘든 것임을 이야기한다. 그렇기에 그가 말한 유명한 구절인 '너 자신을 알라'란 의미는 나 자신조차도 참된 지식을 얻기 어렵기에 참된 지식을 얻는 것에 대해서 스스로 겸손해지기를 원하는 마음에서 이렇게 말했다. 사실 그가 이야기했던 덕이란 지식인데, 참된 지식이란 보통 사람들은 얻기가 어렵고 아주 소수의 사람들만이 가질 수 있게 되는 것이다. 그렇기 때문에 그가 이야기했던 "너 자신을 알라"라는 것은 참된 지식에 이르기 위하여 부단히 노력하는 겸손함을 가져야 한다는 것이다. 이렇게 본다면 아테네의 통치자들은 그가 말한 참된 지식, 즉 많은 사람들을 통치할 수 있는 지식을 갖추지 못하였다는 것을 말하는 것이며, 이것은 그리스 아테네 폴리스에서 모두가 참여할 수 있는 통치 방법과는 반대될 수밖에 없는 것이다. 즉 그는 국가를 통치할 사람들은 소수만이 가능하며, 참된 지식을 가지지 못한 다수의 사람들은 자신들의 이익을 위하여 소수의 통치자에게 복종을 해야 한다는 것이다. 이러한 부분은 나중에 그가 통치자들과 많은 마찰을 야기하는 문제가 되었다.

3. 용기에 대하여

용기란 희랍어로 아레테arete, 탁월성, 뛰어남라고 하는데, 그 뜻은 전투에서의 용맹과 사내다움이라는 덕을 의미한다. 소크라테스에게 있어서 용기란 이러한 의미를 가진 사내다움의 의미를 넘어서 어떤 사건이나 상황에 대해서 진짜로 위험한 것과 아닌 것을 구별할 수 있는 능력을 말한다. 우리는 어떤 어려운 상황에 닥치게 되면 상대편이 나를 어떻게 보게 될 것인가라는 것이 우리의 행동을 좌우하게 만든다. 이러한 부분은 폴리스 안에 있는 사람들의 사회성을 기르는 행위임을 알 수 있다. 그러나 그가 잡혀서 독배를 들어야 하는 시간이 다가왔을 때 그는 스스로가 진짜로 위험하다는 것을 알았지만, 자신에게 처한 두려움을 이기고 죽음을 택했던 것이다. 아테네의 장군들이 전장에서 용감히 행동하는 것이 과연 진정한 용기인가에 대한 소크라테스의 생각은 그들에게는 위험한 것을 이기고 행동하는 지식과 덕이 부족하다고 여겼으며, 자신의 위험한 상황을 인지하고 행동하는 용기를 가진 사람은 극소수의 불과하다는 것을 알려주게 된다.

4. 수사학에 대하여

그리스의 도시국가들은 스스로 치리하는 자치국가가 되었을 때, 국가의 중요한 법치기관들의 법조항을 만들거나 법이 해석되고 적용이 필요하게 되었다. 소수이건 개인이건 법정에서 자신들의 이익을 위하여 법조항의 해석에 따라 자신들을 보호해야 하기 때문에 상대편에게 자신의 의견을 명확히 전달하고 자신들의 주장을 옹호할 수 있게 논쟁하는 방법을 배워야만 했다. 이러한 자신을 옹호하고 상대를 설득하는 기술을 수사학이라고 한다. 소크라테스는 문답법을 통하여 진리의 지식을 전달했는데, 수사학을 이용한 웅변가는 영혼과 신적인 세계에 대한 관계를 잘 알아야 한다고 말한다. 즉 훌륭한 웅변가는 육체 너머에 있는 이상적인 세계에 대한 지식을 알아야 한다고 한다. 이것을 통하여 자신의 영혼의 완성 그리고 신에게 봉사하는 열망을 가지고 수사학을 가르치고 배워야 한다고 말한다.

5. 영혼불멸설(靈魂不滅說)에 대하여

소크라테스는 '죽음이란 영원히 잠을 자는 것과 같다'고 말함으로써 그가 살기 이전에 살았던 피타고라스가 말했던 영혼불멸을 믿었다. 소크라테스는 죽음을 두려워하지 않는 사람은 없지만, 사람이 죽음을 두려워하는 이유는 죽음을 경험해 보지 못했기 때문이라고 말한다. 사람은 죽음을 경험할 수 없기 때문에 죽음을 두려워하는 것이라고 하며, 영혼 불멸설을 확신하며, 스스로 용기를 가지고 죽음을 택했던 것이다. 그렇기 때문에 그의 제자인 플라톤의 저서 『변명』에서, 소크라테스는 자신을 고소한 그리스의 재판관들 앞에서 조금도 주저함 없이 그들이 무지하며 절대적인 참된 지식을 모른다고 했으며 더 나아가 자신의 사상을 당당하게 말하였다. 그리고 사형선고를 받고 나서 독배를 마시면서도 당당하게 참된 용기로 영혼의 불멸을 믿으며 생을 마감했다.

6. 훌륭한 삶에 대하여

플라톤의 제자로 서양철학의 아버지라고 일컬어지는 아리스토텔레스는 작은 도시국가였던 아테네에서의 훌륭한 삶이란 개인이 공동체 내에서 다른 사람들과 관계를 형성하며 살아가는 것이며, 이것이야 말로 훌륭한 삶을 사는 것이라고 말한다. 이러한 아리스토텔레스의 견해는 그 당시 아테네에 살았던 대부분 사람들의 생각이었고, 그리스인들은 일반적으로 폴리스의 생활과 함께 그들의 일에 참여하고 그 속에서 교육을 받으며 그들의 삶이 완성된다고 믿었다. 그러나 소크라테스는 자신의 영혼의 완성을 위하여 이러한 사회적인 생활을 멀리할 것을 말하였다. 사실 아테네인들에게 있어서 도시를 운영하는 정치와 법에 참여한다는 것은 그들의 권리이며 또한 의무였다. 그러나 그는 그러한 생활을 멀리하라고 했다. 그 이유는 그 당시에 있었던 아테네와 스파르타와의 전쟁 때문이었다. 그리스의 아테네는 많은 도시국가들과 전쟁을 하였고 스파르타와도 전쟁을 하였다. 그러나 아테네인들이 진정으로 원하는 것을 얻기 위하여 전쟁을 하였지만, 남은 것

▸ 소크라테스

은 잔인하게 죽인 생명들이고 파괴된 도시들뿐이었다. 이것은 그들이 말했던 정의正義와는 거리가 멀다는 것을 말하면서, 소크라테스는 자신의 영혼을 위하여 훌륭한 삶을 사는 것이 더 값지다는 것을 몸소 보여주었다.

7. 크리톤에 대하여

소크라테스의 가장 헌신적이었던 제자는 크리톤으로 알려져 있다. 소크라테스가 재판이 끝난 후 감옥에 있을 때 크리톤이 찾아와 그에게 당신을 위하여 탈출을 계획을 하고 있다고 이야기하며, 이미 도와줄 사람들에게 돈을 지불했다고 말한다. 그러나 그는 크리톤의 제안을 거절한다. 그는 악을 악으로 갚지 않겠다고 하였고, 자신이 죽을 지라도 법을 어기지 않겠다고 하면서 악법도 법이라는 것을 아테네 사람들에게 알려준다. 그에 의하면 보편적 진리, 즉 참다운 진리는 그것을 실천하는 데 비로소 진정한 가치가 있는 것이며, 진정으로 알고 있는 지식이라면 행동으로 보여야 함을 알려주었다. 그러므로 그에게 있어서 안다고 하는 것은 곧 행동으로 보이는 덕德이며 그것은 용기인 것이다. 참다운 지식 없이는 덕이 있는 참다운 용기로 나타나지 않으며, 그러한 지식은 올바른 지식이 아니라는 것이다. 그는 아테네 시민의 무지를 자각시키고 타락한 양심을 각성시키고 그들에게 덕을 행하도록 하는 것이 자기의 사명이라고 확신하였다.

제8장

소크라테스의 리더십

소크라테스는 서양 철학사에서 가장 위대한 철학자 중 한 사람이었다. 그는 민주주의 사회인 폴리스에서 살고 전쟁에 나갔지만, 남은 것은 죽은 시체와 파괴된 건물이었다. 그는 이러한 모습은 온전한 지식에서 나온 덕이 아니라고 생각했다. 그렇게 생각한 이후로 그는 그리스 아테네 사람들이 원하고 찾았던 전통적인 정치와 법을 반대하고 스스로 완전한 인간이 되기 위하여 노력했던 인물이다. 이렇게 행동과 말을 전하는 그를 보고 아테네 법정은 아테네를 반대하는 인물로 사형을 판결하였고, 그는 자신이 스스로 영혼불멸을 믿고 자신이 목숨을 버리면서까지 지켜야 하는 것이 진정한 용기임을 보여주기 위하여 스스로 독배를 마셨다. 그는 죽었지만 우리들의 가슴에 커다란 지도자의 반향으로 남아있다. 그렇다면 그에게 배워야 할 훌륭한 지도자의 모습은 무엇일까?

1. '너 자신을 알라'는 겸손과 진리실천의 리더십

소크라테스의 '너 자신을 알라'는 말은 단순히 안다는 뜻 이상을 내포하고 있다. 그가 살았던 폴리스 국가인 그리스의 아테네는 이미 민주사회가 형성되어 정치와 법을 제정하고 서로 토론하며 문제를 풀어 나갔다. 아테네 시민들과 통치자들은 자신들이야 말로 그 어떤 민주적인 국가보다도 우월한 민주 형태를 유지한다고 믿었다.

그러나 소크라테스가 보기에는 그들이 아는 지식이란 참다운 절대적인 지식이 아니며, 그들이 하는 행태란 전쟁과 살인 그리고 파괴였던 것이다. 그는 그러한 부분을 지적하며 질타하였고 그들에게 너 자신 스스로가 진정한 지식에 대해서 모르고 있다는 것을 가르쳐주었다. 그는 너 자신을 알라는 말 속에서 진정한 겸손의 의미를 우리들에게 가르쳐 주고 있다. 그것은 절대적인 진리를 향하여 겸손한 자세를 취하며 진정한 지식을 통하여 두려운 마음으로 행동을 하게 될 때 겸손할 수 있다는 것이며, 이러한 진리 실천의 겸손함은 오늘날 지도자들이 가져야 할 모습이다.

2. 용기의 리더십

소크라테스에게 용기란 전쟁에 나간 군인들이 상대편들과 싸우는 용기도 아니고 길거리에서 서로 자신의 이익을 위하여 싸우는 것도 용기라 할 수 없다. 그에게 있어서 진정한 용기란 자신이 지금 이 일을 결정하고 행할 때 상당한 위험이 따른다는 것을 알고서도 할 수 있는 행위를 말한다.

지도자란 늘 결단의 순간이 연속된 직책이다. 순간마다 어떻게 결정을 하느냐에 따라서 상황이 좋게도 될 수 있고 어렵게도 될 수 있다. 그러나 지도자란 늘 좋은 결정만 할 수는 없다. 비록 상당한 고난이 따르더라도 그것을 해야 하는 것이 옳다면 그렇게 결정을 할 수 있는 것이 진정한 용기이며, 그렇게 경정을 할 수 있는 자가 진정한 지도자이다. 지도자는 어쩌면 다수가 싫어할 수도 있지만, 미래를 바라보고 진정으로 자기가 속해 있는 집단을 위한다는 마음으로 행해야 하는 아픔의 결단이다. 이러한 결단이 바로 소크라테스의 결단이며 진정한 용기이다.

학습문제

01 소피스트의 뜻이 아닌 것은?

① 학습자 ② 철학자 ③ 교육자 ④ 현인

02 소크라테스에게 탈출하고자 했던 친구의 이름은 무엇인가?

① 플라톤 ② 크리톤 ③ 아리스토텔레스 ④ 탈레스

03 다음 중 소크라테스의 제자는?

① 이소크라테스 ② 아리스토텔레스

③ 플라톤 ④ 어거스틴

04 소크라테스의 사상이 아닌 것은?

① 영혼불멸 ② 무위 ③ 지와 덕의 합일 ④ 효도

05 소크라테스의 영혼불멸 사상에 영향을 준 학파는?

① 이집트학파 ② 피타고라스학파

③ 바울학파 ④ 메소포타미아학파

06 소크라테스는 어떻게 처형되었나?

① 독배 ② 사형 ③ 십자가형 ④ 교수형

학습문제

07 소크라테스가 살았던 도시는?

① 로마 ② 그리스 ③ 아테네 ④ 스파르타

08 아테네의 철학자로 '너 자신을 알라'고 말한 사람은?

① 플라톤 ② 크리톤 ③ 아리스토텔레스 ④ 소크라테스

09 소크라테스가 말한 용기란?

① 전쟁에 참여하는 것

② 싸움을 잘하는 것

③ 위험에 처한 것을 알아도 행하는 그것이 옳으면 행하는 것

④ 언변이 뛰어난 것

10 소크라테스의 리더십 중 잘못된 것은?

① 사랑 ② 겸손 ③ 효 ④ 교만

참고문헌

강정인(1994). 소크라테스, 악법도 법인가. 서울: 문학과 지성사.

권창은(2005). 소크라테스는 악법도 법이라고 말하지 않았다. 서울: 고려대학교출판부.

김승욱(2005). 소크라테스의 재판. 서울: 작가정신.

문정복(1986). 소크라테스의 인간과 사상. 경산: 영남대학교출판부.

박규철(2009). 소크라테스와 소피스트. 고양: 동과서.

석용원(2010). 소크라테스. 서울: 계몽문화센터.

스톤, I.F.(1999). 소크라테스 철학의 비밀1. 편상범 외 역. 서울: 자작아카데미.

야스퍼스·칼(1980). 소크라테스 불타 공자 예수. 황필호 역. 서울: 종로서적.

양승태(2013). 소크라테스의 앎과 잘남: 대화, 아이러니, 시민적 삶, 그리고 정치철학의 태동. 서울: 이화여자대학교출판부.

엄정식(2012). 소크라테스, 인생에 답하다. 서울: 소울메이트.

이종훈(2012). 소크라테스의 삶과 죽음. 서울: 이담북스.

플라톤(1999). 소크라테스의 변명. 황문수 역. 서울: 문예출판사.

플라톤(2015). 소크라테스의 크리톤. 김세나 역. 서울: 소울메이트.

최동훈(2002). 닭 한 마리와 침묵의 불꽃: 인류의 위대한 다섯 성현들의 삶과 사상. 서을: 씨앗을 뿌리는 사람.

Bettany, H.(2012). 소크라테스를 죽인 아테네의 불편한 진실. 강경이 역. 고양: 옥당.

Denis, L.(1999). 소크라테스와 아테네: 고대 그리스의 역사와 철학이야기. 윤정임 역. 서울: 솔.

Gottfried, M.(2004). 소크라테스. 이강서 역. 파주: 한길사.

Cora, M.(2010). 소크라테스 : 영원한 인간상－진리의 첫 시민. 최명관 역. 서울: 창.

Paul, J.(2013). 그 사람, 소크라테스. 이경아 역. 서울: 이론과 실천.

Taylor, C.C.W.(2001). 소크라테스. 문창옥 역. 서울: 시공사.

제 9 장

서양의 리더 플라톤

생각의 시간 ················· 아카데미아(Academia)와 리케이온(Lykeion)

아카데미아는 처음에 아티카(Attica)의 영웅 아카데모스(Akademos)를 기리기 위하여 만든 신원(神苑)으로 알려져 있다. 그곳의 위치는 아테네시의 동북쪽에 자리 잡고 있으며, 가장 신성한 장소라고 여겨지는 곳이었다. 플라톤은 이곳에서 학문을 가르쳤고, B.C.387년 경에 아카데미아를 만들었으며, A.D.529년까지 플라톤 학파의 교육장으로 활용이 되었다. 그 당시에 정치적으로나 사회적으로 성공하기 위해서는 수사학을 공부해야만 했다. 아카데미아는 여러 가지 철학적인 공부도 하지만 수사학을 위한 교육도 하였던 것으로 보인다. 특히 법정에서 자신을 변호하기 위하여 필요한 기술이 수사학이었기 때문에 많은 학도들이 아카데미아에 와서 공부를 하였다. 플라톤이 세운 아카데미아 이후 문학, 미술, 신학 등을 연구하는 학교를 모두 아카데미(Academy)라고 부르게 되었다.

라틴어 리케이온(Lykeion)의 영어단어는 라이시움(Lyceum)으로 고대 그리스 시대에 아리스토텔레스(Aristoteles)가 철학을 가르치던 학교이다.

그는 17세 때 아테네로 가서 그의 스승인 플라톤이 세운 아카데미아에 들어가, 스승이 죽을 때까지 20년 동안 있으면서 플라톤의 철학을 전수받았다. 아리스토텔레스는 마케도니아에서 소년이었던 알렉산더대왕을 7년여 가르친 후 B.C.335년에 다시 아테네로 돌아와, 자신의 학원인 리케이온을 열어 직접 가르쳤다. 리케이온은 오늘날의 대학과 비슷한 강의 시간표를 만들었고 나름대로 학칙도 있었다고 한다. 아리스토텔레스는 이 학교를 통하여 자신의 철학을 전수했으며, 이 학교를 본 따서 유럽의 리케이온들이 생겨났는데, 주로 귀족들이 다녔던 학교로 알려져 있다. 리케이온은 플라톤의 아카데미아와 더불어 당시 학문의 본산(本山)지의 역할을 하였다. 이러한 두 학교는 인문학의 최고봉이라 할 수 있는 철학을 중심으로 자신들의 학문을 전수해 나갔다.

그러나 오늘날 대학의 인문학은 자본주의의 산업사회의 중심인 과학 때문에 거의 유명무실한 형태로 되어가고 있다. 철학이란 모든 학문의 중심임에도 불구하고 절대적인 가치보다는 이익과 명예를 따르는 시녀 역할을 하게 되었다. 이러한 오늘날의 세태에 대해 이 두 철인과 그의 학교들의 절대 진리를 향한 공부는 오늘날 물질만을 따라가는 우리들에게 경종을 울리는 것이 아닌가 생각해 보아야 한다.

플라톤의 생애

◆ 플라톤의 일생

소크라테스의 제자로 알려진 플라톤은 B.C.427년경에 태어나서

B.C.347년경에 죽은 것으로 알려졌다. 그가 태어난 해는 스파르타와 아테네의 전쟁으로 알려진 펠로폰네소스 전쟁이 일어난 지 5년째 되는 해였고, 소크라테스의 나이가 42세 되던 때였다. 그는 아테네의 귀족 가문의 일원으로 부유한 상류층 집안의 막내아들이었다. 그의 아버지 아리스톤은 일찍 죽었고, 어머니 페릭티오네는 남편과 사별 후 페리클레스와 친분이 두터웠던 퓌리람페스와 재혼하였다고 한다. 그는 펠로폰네소스 전쟁 시기에 청소년기를 보내게 되는데, 소크라테스를 따르기 시작했던 것은 대략 이때부터였던 것으로 알려졌다. 그가 20세 되던 때에 소크라테스와의 교분이 그의 삶과 사상에 지대한 영향을 주게 되는데, 특히 그가 가지고 있었던 문학자나 정치가의 꿈보다도 철학에 많은 흥미를 느끼게 된다. 그러나 그의 스승 소크라테스는 B.C.399년 70세가 되던 해에 사형 선고를 받고 독배를 마시고 죽게 된다.

사실 플라톤은 그의 외삼촌으로 알려진 크리티아스Critias와의 인연으로 정치에 입문을 하려고 했는데, 크리티아스는 당시 아테네를 통치하였던 참주들 중 한 사람이었고 그에게 많은 영향을 주었기 때문이다. 그는 존경하는 스승 소크라테스를 죽음으로 몰아가는 정치 현실에 염증을 느낀 나머지 정계 진출의 기대를 접고 철학의 학문의 세계로 전환하게 된다. 이후 플라톤은 약 10년간 지중해 연안과 이집트, 소아시아 반도 등을 여행을 하면서 그곳의 철학과 종교적인 사상들을 접하고 아테네로 돌아오게 된다.

그는 40세 때에 여행을 하는 중 남부 이탈리아의 타라스타렌툼에서 몇몇 피타고라스학파 사람들을 만나 교제를 가진 후 시켈리아의 시라쿠사이를 방문해서 디오니시오스 1세의 처남인 21살의 디온을 만나게 되는데, 디온은 플라톤 철학에 열렬한 관심을 가지고 있었고, 플라톤 역시 철인 통치의 이념을 구현을 위하여 디온이 그를 도와줄 수 있는 사람으로 기대를 했다고 한다. 그러나 그의 정치적인 개혁에 대한 야망이 수포로 돌아가자 42세 때에 아테네로 돌아와 아카데미아 학교를 세우고 학문 활동에 주력을 하게 된다.

60세 때 B.C.367년 디온은 그에게 시켈리아로 와 달라는 요청을 하게 되는데, 그 이유는 디오니시오스 1세가 죽고, 뒤를 이은 나이 어린 디오니시오스 2세에게 철인 정치를 가르쳐 줄 수 있다고 믿었기 때문이다. 그러나 그 방문은 실패로 끝이 나고 이후 4년 뒤, 디오니시오스 2세의 초청에 응하여 다시 방문을 하지만 역시 성과 없이 끝이 나게 된다. 이후 13년 동안 아카데미아에서 저술과 학문 활동을 계속하다가 347년 80세의 나이로 생을 마감하게 된다.

관계된 글과 그림

고대그리스(Ancient Greece) 고대 그리스는 미노스문명 B.C.3650~1170에서부터 B.C.146년 코린토스 전투로 인하여 로마에게 정복되던 때까지를 일컫는다. 고대 그리스는 서양역사상 철학의 중심지가 되는 가장 중요한 역할을 담당한 장소였다. 조그만 도시국가 폴리스들이 산재한 곳에서 서로 독립적으로 살았으며 여러 도시국가간에 동맹을 맺기도 했다. 가장 두드러지게 성장한 도시국가는 스파르타와 아테네였다. 스파르타를 제외한 다른 도시국가들은 산지에 위치를 하며 서로간의 교류가 활발했지만 스파르타는 폐쇄정치를 유지했다. 고대그리스는 역사상 풍부한 문화를 남겼으며, 이것은 지중해 연안 및 유럽에 많은 영향을 주었다.

스파르타 펠레폰네소스 반도 남동부 라코니아 지방과 에우로타스 강 유역에 위치해 있으며, 스파르타는 "씨앗을 심는 사람들의 땅"이라는 뜻을 가지고 있다. B.C. 1200년 경에 도리아인이 남하하여 원주민을 정복하고 세운 나라이다. 평야 지대에 위치한 스파르타는 스스로 자급자족을 하며 폐쇄적인 사회체제를 이루었다. 한동안의 내전을 경험 하였지만 리쿠르고스가 정권을 잡은 후에 사회개혁으로 평등주의와 쇄국정책을 펼쳤다. B.C. 480년 페르시와의 전쟁에서 그리스 동맹군과 연합하여 승리하며 국력을 공고히 다졌다. 그러나 코린토스 전쟁 때 레욱트라 전투에서 패배한 후 쇠퇴하기 시작하였다. 사회체제는 군국주의적 과두정치를 표방했으며 자유인들은 노동에 종사하지 않고 군사훈련에 종사했다. 이러한 군사훈련이 오늘날 스파르타식 교육으로 잘 알려지게 되었다.

아테네 고대 그리스의 도시국가로 B.C. 2000년 경에 이오니아인들이 남하하여 정착했고 그것이 아테네의 뿌리가 되었다. B.C.10세기 이후에 왕정과 귀족정치 및 참주정치를 거쳐 B.C.5세기 경에는 민주정치 시대를 맞이한다. 이때에 아테네는 페르시아 전쟁에서 승

▸ **고대 지중해 지도**

리하여 주도권을 잡게 된다. 아테네는 페라클레스의 집권시에 그리스 반도의 패권을 잡았고, 정치, 경제, 그리고 문화 등 여러 영역에서 전성기를 누렸다. 아테네 중앙에는 아크로폴리스라는 광장이 있었고 그 위에 파르테논 신전이 있으며 B.C. 403년 스파르타와의 펠레폰네소스 전쟁에서 패한 후에 정치적으로 힘을 잃었다. 그러나 학문적으로는 그리스 철학의 중심으로 남아있게 된다.

펠레폰네소스 전쟁　B.C. 431－404년 델로스동맹 연합군과 펠레폰네소스 동맹 연합군과의 사이에서 일어난 전쟁이다. 델로스동맹의 맹주인 아테네의 세력이 커지자 펠레폰네소스 동맹의 중심인 스파르타가 그 세력을 반감시키기 위하여 전쟁을 하게 된다. 이 전쟁은 약 27년 동안 계속되었고 1차와 2차로 나누어지는데, 2차 전쟁 때에 아테네는 스파르타와 페르시아 연합군에 패배함으로 인하여 아테네는 쇠퇴기에 접어들게 된다. 스파르타가 주도권을 잡은 후 정치적으로 민주정치가 잠시 부흥하였으나 마케도니아의 공격으로 인하여 B.C. 371년 스파르타도 멸망에 이르게 된다.

플라톤의 철학과 사상

플라톤의 사상은 깊이에 있어 심오하며, 여러 가지 사상을 종합적으로 다루고 있다. 분명히 스승 소크라테스는 그 당시 피타고라스학파의 중요한 사상인 영혼불멸을 믿었고, 그것을 자신의 제자들과 아테네 사람들에게 전해주었다. 소크라테스가 죽은 후 플라톤은 스승의 사상적인 핵심인 영혼불멸에 관한 사상을 이어받으면서 깊이와 다양성을 가지고 이데아 사상을 발전시킨 철학자이다. 그의 이데아 사상은 A.D. 2세기경 신플라톤주의로 나타나게 되며, 그 당시 지중해 연안에 널리 퍼져 있었던 초대기독교 교리에 많은 영향을 주게 되었으며, 초대교부였던 어거스틴Augustine의 철학에 깊은 영향을 끼치게 된다.

▸ 플라톤

1. 동굴의 비유

플라톤이 쓴 『국가』 7권에 나오는 이 비유로부터 플라톤의 사상을 종합적으로 엿볼 수 있다. 비유의 내용을 알아보면, 커다란 동굴이 있으며 동굴은 어두워서 잘 알아볼 수가 없다. 동굴 안쪽에는 여러 사람들이 무리를 지어 살고 있는데, 이 사람들은 태어나면서부터 목과 다리에 쇠사슬이 묶여있으며, 그들은 단지 동굴 안쪽만 바라보게 된다. 동굴의 안쪽과 동굴의 입구 사이에는 그렇게 크지 않은 담이 놓여있으며, 담 벽 뒤쪽에는 횃불이 놓여있다. 또한 담과 횃불 사이를 사람들이 인형을 들고 왔다 갔다 한다. 그리고 동굴 밖은 일상적인 자연의 세계이며 태양이 비추고 있다. 동굴 안에 있는 사람들은 목과 다리를 사슬에 묶여 갇혀있지만 우연히 한 사람이 묶인 사슬이 풀려서 뒤를 돌아보게 되고 담 뒤에서 나오는 빛을 보게 된다. 이 사람은 호기심에 담을 넘어가 중간지점에 있는 횃불과 사람들이 가지고 다니는 인형이 있는 곳을 보게 된다. 그는 담장 안쪽에서 그들이 살아온 세계가 어둡과 그림자만 있는 세계라는 것과 또한 담장 바깥쪽의 눈부신 밝은 빛에 놀라게 된다. 이 사

▸ 동굴의 비유

람은 다시 담장을 넘어와 사슬이 묶인 동료들에게 이런 사실을 알리지만 그들은 믿지 않는다.

그러나 그중 호기심을 느낀 사람들이 조금씩, 조금씩 동굴 밖으로 나아가게 된다. 그들은 극도의 두려움과 호기심을 가지고 눈을 뜨지 못할 정도의 밝은 빛을 헤치며 동굴 밖으로 나간다. 밖으로 나간 사람들은 눈부심과 더불어 지금까지 자신이 얼마나 어둡고 극한 환경 그리고 실제가 아닌 그림자만 보는 환경 속에 살아온 것에 괴로움과 놀라움이 교차될 것이다. 동굴 안에서의 삶이란 노예와도 같은 고통의 삶임을 깨닫게 된다. 이 사람들은 자신의 동료들을 생각해서 동굴 안으로 들어가게 된다. 이들은 원래 동굴에 살았지만 너무 어두워서 들어가기도 만만치 않았다. 담을 넘어 무사히 자기들이 살았던 곳에 도착한다. 그리고 사슬에 묶여있는 사람들에게 어둡고 그림자만을 보지 말고 원래의 실체가 있고 밝은 동굴 밖으로 나가자고 말한다. 그러나 거기에 묶인 사람들은 오히려 그 사람들에게 거짓말이라고 하며 오히려 그들을 해하려고 한다.

2. 이데아 사상

플라톤은 그의 스승인 소크라테스의 가르침으로 말미암아 깨달은 보편적인 앎을 바탕으로 이데아 사상을 정립하게 되며, 이러한 그의 이데아 사상은 직제자인 아리스토텔레스를 포함한 수많은 그리스 사상가들에게 지대한 영향을 끼치게 된다. 그는 동굴의 비유를 통하여 우리가 경험하는 감각적인 현상 세계는 생성 소멸하는 변화가 있는 세계임을 나타낸다. 이에 반해서 형상계形相界라는 영원불변한 진리의 세계가 있는데, 그것이 보이는 감각세계를 넘어선 이데아idea의 세계이다. 이데아란 우리가 눈으로 그리고 느낌으로 느끼는 감각적, 경험적인 것의 원형이며 원인이 된다. 즉 우리가 현상 세계에서 보는 꽃이란 원래의 본질적인 이데아적인 꽃이 있기에 가능하다고 한다. 이와 같이 우리의 경험계를 넘어서 진, 선, 미 자체의 이데아가 실재한다고 한다. 그에 의하면 이러한 실제의 형상인 이데아는 진정한 존재자이며 윤리·도덕적인 전형이라고 말한다.

그러면 실재의 형상인 이데아란 무엇을 말하는가? 사실 그는 이데아에 대해 정확히 언급은 하지 않지만 우리들이 생각하는 지극한 가치인 진, 선, 미의 가치가 아닐까 생각해 본다. 철학이나 윤리 그리고 학문의 지극한 목표의 가치야 말로 그가 말하는 이데아일 수 있다. 최고의 이데아는 선의 이데아로 그것을 신God이라고 표현한다. 그것은 다른 모든 이데아를 포괄하며 지배하는 세계 이성nous이다. 선의 이데아는 마치 태양이 만물을 비치고, 생명을 불어 넣듯이 현실세계를 창조하고 형성하는 최고의 원리라고 한다. 이러한 그의 이데아론은 후대의 관념론idealism의 뿌리가 되었으며, 철학적 그리고 종교적으로 큰 의미를 지니게 되었다.

3. 상기설(remembering)

만약 이 세상이 실제가 아니고 실제의 세계인 이데아가 있다면 과연 우리가 어떻게 이데아의 세계를 지각할 수 있는지에 대한 문제가 생긴다. 플라톤에 의하면 우리 인간들은 원래 이데아 세계인 천상에서 살았다고 한다. 그러나 어떤 이유 때문에 인간의 몸으로 천상에서 쫓겨나게 된다. 인간은 실제인 경험의 세계로 오는 도중에 레테라는 강에서 강물을 마시게 되었다. 레테는 그리스어로 망각을 의미한다. 이 물을 마신 인간은 천상의 기억을 잊어버리고 태어나게 된다. 우리인간은 실제 경험세계에서 이데아에 대한 희미한 기억만을 가지고 살아가게 된다. 그러기에 이 세상에서 얻어지는 지식은 경험을 갖고 쌓아가는 것이 아니라 인간으로 육체를 가지고 다시 태어나 이데아 세계를 망각하고 사는 것뿐이라고 한다. 즉 우리의 영혼이 육체 속에 있기 전에 이데아의 세계에 속해 있었고 또한 그것을 알고 있었다는 것이다. 그런데 출생과 더불어 천상에 대한 희미한 기억과 함께 육신의 감옥 속에서 감각에 사로 잡혀 초감각적인 진리인 이데아를 잊어버리고 만 것이다. 그렇기에 플라톤은 인간이 이데아의 세계를 알기 위해서는 외부의 지식이 아닌 스스로 상기를 통하여 가능하다고 말한다.

4. 지식론

플라톤의 상기설을 통하여 진정한 지식을 알기 위해서는 이데아의 세계를 기억해 내야 한다. 즉 지식이란 현실세계에서 교육을 받고 경험적으로 아는 것이 아니라 이데아 세계의 지식을 상기시켜 천상의 지식을 알아가는 것이다. 그러므로 그에게 있어서 지식이란 갖고 태어나는 것이라고 말할 수 있다. 현상계에 있는 사물은 이데아의 그림자인 것이며, 교육과 학습을 통하여 그 잊어버린 이데아를 상기할 수 있는 것이다. 인간은 순수이성을 통해서 천상의 이데아 세계를 되살려 내는 것이다.

또한 그가 이야기한 상기설로부터 알 수 있는 것은 인간이 이 세상에서 얻는 학문과 논리적 사고 그리고 언어적 요소들은 선험적 요소가 있다는 것이다. 사실 인간이 세상에 태어나서 배우는 교육을 통하여 학문을 얻으며, 논리적 사고를 할 수 있으며 언어를 배우게 된다. 인간으로 태어나서 이러한 부분은 후천적인 학습에 의하여 알게 된다는 것은 부인할 수 없는 일반적인 사실이다. 그는 우리가 살아가면서 생기는 경험은 우리를 속일 뿐이며 우리가 이미 영혼으로부터 부여받은 것을 다시 떠올리게 해 줄 뿐이라고 믿었다. 그렇기 때문에 학습을 통하여 후천적으로 습득하는 것에 비판하는 입장을 취하였다.

그는 인간의 영혼이 이데아의 세계와 선험적인 관계를 가지고 있기 때문에 언어와 논리적 사고 등을 할 수 있다고 믿었다. 인간이 감각을 통해 이데아를 경험할 수 없기 때문에 영혼의 눈을 통해서만 그것을 경험할 수 있다고 주장했다. 모든 사람들에게 이 세상을 구성하는 관념에 대한 완전한 지식은 타고나 있으며, 진정한 지식을 얻기 위해서는 육안의 물질적인 세계로부터 마음의 눈을 숙고하는 순수한 관념의 세계로 돌아가야만 한다. 인간의 모든 지식은 우리들의 영혼이 가지고 있었던 잔영 내지는 기억들에 불과하다. 이렇듯 그는 지식이란 생득적이라고 보았으며, 또한 지식은 이성을 통해서만 사용이 가능하다고 보았기 때문에 이성주의자였다.

5. 에로스

플라톤의 동굴의 비유에서 동굴 밖 태양의 빛이 있는 세상은 원래 인간이 살았던 천상의 장소였다. 그러나 어떠한 이유로 인하여 인간은 천상에서 지상으로 내려왔고 육체라는 감옥 속으로 갇히게 된다. 인간의 영혼은 비록 육체 속에 갇혀있으나 천상에 대한 그리움을 가지고 있다. 이러한 천상에 대한 그리움을 그는 자신의 저서 『향연』에서 에로스eros라고 말한다. 즉 인간은 천상의 세계인 이데아를 인식하기 위해서는 에로스가 필요하다는 것이다. 그가 말하는 에로스는 조금 더 깊은 의미를 가진다. 에로스란 원래 그리스 신들 중의 하나이다. 에로스의 부모는 포로스와 페니아이다. 포로스는 긍정, 풍요, 재주를 관장하며 페니아는 그 반대로 가난, 결핍을 관장한다. 페니아는 늘 자신의 정체성에 불만을 품고 포로스와 관계를 통하여 자식을 낳게 된다. 그래서 낳은 자식이 에로스이다. 페니아는 에로스을 통하여 자신의 열등적인 부분을 해소하려고 하였다. 에로스는 두 가지 면을 가지고 있는데, 그 의미는 현재는 가난하고 부족하지만 미래에는 풍요와 긍정이 있다는 것을 말한다. 이러한 에로스가 가지고 있는 긍정과 부정의 조화는 플라톤의 동굴의 비유 속에서 동굴 안쪽과 동굴 밖을 상징한다. 페니아는 동굴 안에 있는 사람들이며 늘 안주하려는 타성에 젖은 우리들의 부정적인 마음이며, 포로스란 동굴 밖의 빛이 찬란한 것의 상징이며 우리들에게 항상 창의성과 역동성을 제공해 주는 의미를 가지고 있다. 인간의 영혼은 에로스를 가지고 있으며, 이러한 에로스는 포로스와 페니아라는 두 가지 성향을 가지고 있다. 즉 지금의 현실에 안주하려는 마음과 더 높은 이상을 위해 천상의 이데아를 위해 역동적으로 움직이는 창의적인 성향이 어우러져 있게 된다. 플라톤은 이러한 인간의 성향을 에로스로 이해하였으며 인간은 갈등과 방황 그리고 끝없는 고뇌 속에 있게 되며, 동굴의 비유 속에서 우리 인간들은 동굴 밖의 완전한 이데아의 세상을 향해 나가가게 된다.

플라톤의 리더십

플라톤은 소크라테스의 제자로서 영혼불멸의 사상을 이어받아 이데아 사상을 통하여 서양의 철학 이론의 바탕을 만들어낸 위대한 철학자 중 한 사람이었다. 자신이 스스로 영혼불멸을 믿고 스스로 독배를 마시고 목숨을 끊을 정도로 신념에 가득 찼던 자신의 스승인 소크라테스를 보면서 정치에 대한 회의와 정치입문을 포기하였다. 그 후 그는 지중해 연안을 여행하면서 세계의 모든 견문과 철학을 넓히며 아테네로 돌아와서 스승이 물려준 철학과 함께 자신의 사상을 후학들에게 전하며 훌륭한 지도자로서 일생을 살았다. 그러면 그가 어떠한 비결이 있었기에 훌륭한 철학자로 남게 되었을까?

1. 의리를 지키며 진리를 사수한 리더십

플라톤은 소크라테스가 죽은 후 아테네를 떠나 이탈리아, 이집트 등을 돌면서 다른 사상을 많이 접하였으나 다른 사상들보다 진리라고 생각했던 스승의 사상을 이어받아 집대성하는 의리를 지키며, 진리를 지키는 철학자였다.

오늘날 너무나도 쉽게 돈과 명예와 권력을 향하여 자신을 환경에 적응해 버리는 현대사회의 비정한 현실의 모습을 보면서 그의 진리를 향한 의리의 모습은 많은 생각을 하게 된다. 특히 오늘날 정치현실과 커다란 조직체 내에서 진리를 위하여 의리를 지킨다는 것은 한낱 우스운 이야기 밖에 되지 않는다는 것을 보면서 의리와 진리를 사수하는 리더십이야 말로 오늘날 지도자가 갖추어야 할 본받을 만한 덕목이다.

2. 인재양성의 리더십

플라톤은 그 당시 온 세계인 지중해를 돌며 아테네로 다시 돌아와 자신의 스승인 소크라테스의 철학이론을 정립하여 후학들을 가르치기 시작한다. 그는 아테네에서 가장 신성한 장소에서 아카데미아를 만들고 평생 동안 자신의 제자들을 기르게 된다.

지도자란 인재를 양성하는 사람이다. 인재란 한 나라 그리고 그 집단이나 단체에서 다음 세대를 위해 필요한 사람들이기에 그들을 양육하여 다시 지도자로 양성하는 것은 정말로 중요한 일이다. 지도자는 한 집단과 권력의 위치에서 펼치는 지도력도 중요하지만 이 나라의 인재를 길러내고 훌륭한 자원인 사람들을 교육하는 것도 훌륭한 지도자의 덕목이다.

학습문제

01 아카데미아와 리케이온은 무엇인가?

① 학교 ② 미술관 ③ 정치관 ④ 목욕탕

02 플라톤이 자신의 이념을 구현해 줄 인물로 생각했던 사람은?

① 크리톤 ② 디온 ③ 아리스토텔레스 ④ 소크라테스

03 플라톤의 제자는?

① 이소크라테스 ② 소크라테스

③ 아리스토텔레스 ④ 어거스틴

04 플라톤의 사상이 아닌 것은?

① 이데아 ② 지행합일 ③ 상기설 ④ 에로스

05 플라톤의 이데아는 무엇을 말하는가?

① 욕심 ② 정신 ③ 육체 ④ 사실

06 다음 중 플라톤의 이데아 사상을 뒷받침하는 이론은 무엇인가?

① 육체이탈설 ② 영혼불멸설 ③ 상기설 ④ 일원론

학습문제

07 플라톤의 이데아 사상을 소개한 비유는?

① 동물의 비유 ② 동굴의 비유

③ 영혼의 비유 ④ 육체의 비유

08 천성의 이데아를 경험하기 위하여 필요한 것은?

① 에로스 ② 필레오 ③ 아가페 ④ 스톨케

09 이데아를 알기 위하여 필요한 방법을 나타낸 것은?

① 윤회설 ② 이탈설 ③ 상기설 ④ 인연설

10 플라톤의 리더십 중 잘못된 것은?

① 진리추구 ② 의리를 지킴 ③ 인재양성 ④ 인격수호

참고문헌

김영균 외(2001). 플라톤 철학과 그 영향. 서울: 서광사.

김완수(1999). 플라톤 철학의 재음미. 서울: 서강대학교출판부.

남경희(2013). 플라톤. 서울: 아카넷.

박영식(1984). 플라톤 철학의 이해. 서울: 정음사.

서정욱(2007). 플라톤이 들려주는 이데아 이야기. 서울: 자음과 모음.

송영진(2000). 플라톤의 변증법. 서울: 철학과 현실사.

이창대(2005). 플라톤의 형이상학. 인천: 인하대학교출판부.

장영란(2009). 플라톤의 교육: 영혼을 변화시키는 힘. 파주: 살림.

최현(1989). 플라톤의 국가론. 서울: 집문당.

필드, G.C.(1986). 플라톤의 철학. 서울: 서광사.

플라톤(2014). 국가. 천병희 역. 고양: 도서출판 숲.

플라톤(1989). 메논 파이돈 국가. 박종현 역. 서울: 서울대학교.

플라톤(1997). 잔치. 조우현 역. 서울: 도서출판 두로.

플라톤(2003). 플라톤의 대화. 서울: 도서출판 꿈과 희망.

Albert, K.(2002). 플라톤의 철학 개념. 임성철 역. 서울: 한양대학교출판부.

Field, G.C.(1987). 플라톤의 철학. 양문흠 역. 서울: 서광사.

Hare, R.M.(1991). 플라톤의 이해. 강정인 외 역. 서울: 문학과 지성사.

Michael, B,(2003). 철학자 플라톤. 한석환 역. 서울: 이학사.

Robinson, D.(2001). 플라톤. 김태경 역. 서울: 김영사.

고대지중해지도 – 두산백과

http://terms.naver.com/entry.nhn?docId=1185528&cid=40942&categoryId=31657

제 10 장

서양의 리더 아리스토텔레스

생각의 시간 ·· 중용의 덕에 대한 가르침

중용이란 영어로 mean이며 그 뜻은 위치, 순서, 시간, 수량, 정도 등이 중간이거나 평균을 의미한다. 이러한 중간이라는 의미를 지닌 단어는 동양철학자인 공자의 손자가 지었다고 알려진 『中庸』에서 나타난다. 『中庸』 첫머리에 보면 하늘이 명한 것이 인간의 본성이며 그 본성을 거느려 나가는 것인 인간이 마땅히 걸어야 할 길이라고 한다. 또한 인간의 감정이 본성을 따르며, 그 본성을 거스르지 않게 조화롭게 행하는 것이며 이것이 불변의 진리라는 것이 바로 중용의 가르침이다.

아리스토텔레스에게 있어서 중용이란 그의 윤리학의 중심이 되는 사상이다. 인간에게는 누구나 개인적인 감정과 충동과 욕망이 있다. 그러나 이러한 인간의 욕망과 감정적인 행동으로 그 사람을 지배하게 해서는 안되며, 과하지도 않고 모자라지도 않는 중용의 덕이 지배하게 해야 한다고 말한다.

그에게 있어서 도덕과 윤리란 중용의 덕을 얼마나 실현했는가에 달려

있는 것이다. 중용의 덕이란 항상 행동의 양극단에서 무리함과 치우침 없이 중간점을 취하는 것이 중용이다. 그의 중용의 덕과 동양의 중용의 의미가 조금 다를지라도 이것은 인간이 윤리적으로 걸어야 할 올바른 길이며, 다른 사람들을 배려하는 자세로는 그 근본이 같다고 할 수 있다.

오늘날 현대 자본주의 사회는 돈이면 무엇이든 할 수 있다는 황금만능주의 사상과 결합되어 극도의 이기주의가 만연되어 있다. 선을 따르며, 하늘의 뜻에 맞게 살며, 행동의 양극단에서 중용을 지키는 일은 어쩌면 한낱 비웃음거리밖에 안 되는 현실 속에서 중용의 덕이란 비단 고대 그리스와 중국 춘추전국시대의 중요한 사상만이 아닌 오늘날 우리들의 삶 속에서도 많은 의미를 전달하고 있다.

아리스토텔레스의 생애

1. 아리스토텔레스의 생애

아리스토텔레스Aristoteles, B.C.384~322는 칼키디케 반도 동해안의 그리스인의 작은 도시인 스타게이라Stageira에서 B.C.384년에 출생했다. 그의 가문은 옛날부터 의업醫業을 이어왔고, 그의 부친도 마케도니아의 시의市醫였다고 전해진다. 유년 시기인 기원전 384~367까지 그는 마케도니아와 칼키아디케에서 살았다. 18세 때, 그는 아테네로 가서 플라톤이 만든 학교 아카데미이아에 입학하여 약 20년간 수학을 했다. 그는 스승인 플라톤의 사후 아쏘스Assos로 옮겨 3년간 강의를 한 후, 기원전 342년 마케도니아와 필립포스 2세Philippos Ⅱ,

B.C.356~336에게 초청되어 수도 페라에 가서 황태자 알렉산더 Alexandros의 스승이 되었으나, 알렉산더가 왕이 되고 나서 아시아로 전쟁 원정을 간 후 아테네로 돌아가 리케이온영어: 라이시움이라고 불리는 학교를 창립하게 된다. 그 후 12년간 많은 학생을 교육하였으나 알렉산더왕의 사망 후 아테네의 애국파의 사람들로부터 국교를 배반하고 신을 무시했다는 이유로 고소를 당해 칼키스로 피신하고 나서 곧 기원전 322년에 병사하게 된다.

2. 아리스토텔레스의 영향

아리스토텔레스는 서양 철학과 역사에 지대한 영향을 끼치게 된다. 17~18세기 무렵까지 유럽에 있는 국가들의 사상적인 토대가 대부분 아리스토텔레스의 사상에 대해 수용하고 비판하는 것으로 이루어져 있다. 다음은 주요 국가와 종교에 대해 영향을 준 내용이다.

- 로마인들은 아리스토텔레스의 논리학, 자연철학, 형이상학, 윤리학 등 여러 분야에서 크게 영향을 받았다고 한다.
- 중세의 이슬람교 철학자들은 아리스토텔레스 저술에 대한 연구를 열정적으로 하고 그의 저작에 대한 번역 및 주석을 했다고 한다.
- 아리스토텔레스의 철학은 중세의 교부철학 그리고 당시의 초대기독교 신학과 철학에도 지대한 영향을 끼치게 된다,
- 토마스 아퀴나스는 아리스토텔레스의 이성과 실제의 융합을 이어받아 스콜라 철학과 신학의 정점을 이루게 된다.

관계된 글과 그림

알렉산더 대왕(Alexandros the Great) B.C.356~323 동안 살았던 마케도니아 왕인 알렉산더는 그가 왕으로 재위한 B.C.334년에 마케도니아군軍과 헬라스 동맹군을 거느리고, 페르시아 원정을 위해 소小아시아로 건너가서 전쟁을 하였고, 계속해서 승리를 하게 된다.

먼저 그라니코스 강변에서 페르시아 군과 싸워 승리하고, 페르시아의 지배하에 있던 그리스의 여러 도시를 해방시키게 된다. 그 후 그 밖의 땅을 점령한 뒤 북北시리아를 공격한 후 페르시아 함대의 근거지인 티루스티로스 가자 등을 공격하여 점령하고, 시리아, 페니키아를 정복한 다음 이집트를 공격했다. 이후에 알렉산더는 이집트 나일강 하구에 자신의 이름을 딴 알렉산드리아시市를 건설하게 된다.

▸ 아리스토텔레스와 알렉산더 대왕

그가 죽은 후 영토는 시리아, 이집트 그리고 그리스 지역으로 분할된다. 알렉산더 대왕은 생전에 아리스토텔레스를 만나서 그의 철학과 사상 그리고 조언을 듣고 배웠다고 한다.

알렉산더 대왕과 아펠레스 알렉산더 대왕은 특히 미술에 관심이 많았다. 고대 그리스 당시에 유명한 화가였던 아펠레스와의 만남은 아직도 후대에 전해질 만큼 유명하다.

아펠레스의 미술 실력에 대해서 유명한 예화가 있다. 어느 날 아펠레스는 새들이 지저귀는 소리에 아침잠을 설쳤다. 새들을 쫓을 궁리를 했던 아펠레스는 다음날 구렁이 한 마리를 그려서 나무에 걸쳐 놓았다니 새들이 오지 않았다고 한다. 이렇듯 아펠레스는 당대의 최고의 미술가였다.

폴리니우스에 의하면 알렉산더 대왕은 자신의 애첩인 판카스테 캄파스테의 아름다운 모습을 영원히 남기기 위하여 아펠레스에게 그녀의 누드를 그려달라고 주문을 했다. 그러나 아펠레스는 초상화를 그리면서 그녀와 사랑에 빠졌고 이 사실이 알렉산더 대왕에까지 들어갔다. 그리고 애정행각이 발각이 되었다. 그러나 알렉산더 대왕은 아펠레스가 그렸던 그녀의 누드 초상화를 보고 감탄하여 그림에 빠져서 그녀와의 사랑을 허락했다고 한다.

제10장

아리스토텔레스의 철학과 사상

아리스토텔레스는 그의 스승인 플라톤의 사상적인 핵심인 이데아 사상에 대해서 부족함을 느끼고 그것을 이어받으면서 자신이 깊이 생각했었던 현실적인 실재론을 융합시켜 발전시킨 철학자이다. 특히 플라톤의 철학을 이어받아 방대한 양의 저서를 썼는데, 그가 관심을 기울인 학문은 거의 모든 영역을 망라하였으며, 특히 그가 집필한 동물학에 대한 저서는 2000년이 지난 오늘날에도 동물학의 최고의 고전으로 남아있다. 이러한 그의 천재성을 통하여 서양철학의 기초가 정립이 되었다. 그가 주장한 이데아의 정신과 실제의 조화는 중세의 토마스아퀴나스의 스콜라 철학의 핵심을 이루게 되었으며, 또한 다양한 영역의 철학자들과 수많은 사상에 기본이 되었고, 깊은 영향을 끼치게 되었다.

1. 인간의 지식구조

아리스토텔레스에 의하면 인간의 지식구조를 크게 세 가지로 나눌 수 있다. 첫째는 이론학 둘째는 실천학 셋째는 창작학이다. 이론학은 신학, 수학, 자연과학으로 분류될 수 있으며, 실천학은 윤리학, 정치학으로 그리고 창작학은 시학, 수사학 등으로 나눌 수 있다. 여기에서 신학은 형이상학이나 혹은 논리학 등을 포함한다.

2. 논리학

아리스토텔레스는 인간의 정신도 일정한 구조를 가지고 있다고 보았으며, 여러 요소들과 기본적인 기능들로 구성되어 있다고 파악하였다. 그는 인간정신의 궁극적 요소들이 개념, 판단, 추리라고 여겼다. 그는 학문적인 인식은 사물이 지닌 필연적인 관련성을 그 원인에 따라 인식하는 것에 있다고 생각하고, 그 방법으로 연역적인 삼단논법의 형식을 확립하여 형식논리학의 기초를 닦았다. 아리스토텔레스에게 있어서 삼단논법은 먼저 제시하고자 하는 것 안에 몇 가지 전제를 만들고, 이미 전제된 것들과는 다른 무엇이 전제된 것들과 관련으로부터 필연적으로 따라 나오게 되는 입론을 말한다. 논리학에서 사용하는 문장은 명제라고 불리며, 명제는 하나하나의 용어로 분석을 할 수 있다. 어떤 명제에서 S가 P라고 긍정하거나 혹은 부정한다면 S나 P는 이 명제의 용어가 된다. 삼단논식에 나오는 명제들은 몇 가지 특징을 가지고 있다. 그것들은 긍정명제 혹은 부정명제이고, 전체명제 아니면 특별한 것을 지칭한 명제들임을 알 수 있다. 삼단논법의 예를 들면 다음과 같다.

모든 사람은 죽는다 - 전체긍정
모든 사람은 죽지않는다 - 전체부정
A라는 사람은 죽는다 - 특정긍정
A라는 사람은 죽지 않는다 - 특별부정

아리스토텔레스의 논리체계는 위에서 열거한 명제 원리에 기초하고 있다. 그가 논의한 삼단논법에는 두개의 전제와 한 개의 결론으로 구성되어 있다. 두개의 전제들에는 한 개의 명사가 공유를 하고 있어야 한다. 또한 그는 그의 논법을 열거하는데 A, B, C와 같은 문자를 사용하였다. 또한 그의 논리학을 설명하면서 도식적인 문자를 사용했다. 사실 어떻게 보면 이러한 문자를 사용하는 것이 그리 특별할 것 같지 않아 보이지만 이것은 논리학에서 위대한 고안으로 여겨지고 있다. 그의 『논리학』에서 자주 등장하는 삼단논법은 다음과 같다.

> 만일 A가 모든 B를 서술하고,
> B가 모든 C에 대해서 서술하고 있다면,
> A는 C에 대해서 서술한다.

이러한 논법으로부터 어떤 한 사물을 예를 들면 다음과 같다.

> 숨을 쉬고 있는 모든 동물은 허파를 가지고 있다,
> 모든 동물은 숨을 쉰다.
> 그러므로 모든 동물은 허파를 가지고 있다.

후대의 그의 제자들은 『논리학, Organon』으로 그의 사상을 전했는데, 이것은 그의 천재성을 보여주는 작품으로 알려져 있다. 연역적인 체계에 의해 설명되는 그의 논리에는 내부적인 어려운 점들이 있고 약간의 오류들이 있지만 거의 완벽에 가까운 미완성의 논리학으로 여겨지고 있다.

3. 형이상학

형이상학을 말하는 희랍어를 직역하면 '자연적인 것들 다음에 오는 것들'을 의미한다. 이 표현은 『형이상학』이 '자연적인 것들을 넘어서 있는 것들', 혹은 자연학적 탐구 다음에 탐구되어야 할 것들을 주제로 하고 있기 때문에 붙여진 것이다. 형이상학이란 이름은 기원전 1세기에 살았던 인물로 추정되는 로도스의 안드로니코스에 의해서 합본되었다고 추정된다. 형이상학은 두 부분으로 나눌 수 있는데, 첫 부분은 제1철학이며 존재자의 일부를 대상으로 하는 것과는 다르게, 존재하는 모든 사물에서 으뜸이 되는 원인들을 탐구하는 학문이다. 이것을 제1철학 혹은 신학이라고 부른다. 신이란 영원하고도 지속적인 변화 속에서 불변하는 것을 일컬으며, 제1원인적인 것을 의미한다. 두 번째 부분은 신학에 대한 부분과는 다르게 일반 형이상학에 대한 문제들을 광범위하게 다루고 있다. 먼저는 실제와 실체에 대한 것으로 근원적 실재성을 갖게 하는 것은 자연적 종의 개체들이며, 즉 이것들은 갖가지 종에 속하는 생물들이다. 두 번째로 질료와 형상의 본질적인 면으로 만일 어떤 생물이 실체들이라고 한다면 그것들을 실체성을 갖게 하는 것이 무엇인지를 설명해 주는 것이다. 아리스토텔레스는 실체라는 것을 다른 말로 본질이라고 한다. 본질이란 어떤 것이 자기 동일성에 의존해 있으며 이것이 변하게 되면 본질 자체도 다르게 변하게 되는 것을 말한다.

4. 자연학

아리스토텔레스는 무생물과 생물을 망라한 물체의 운동, 그리고 우주의 삼라만상에 대해 고찰을 하여, 이를 통하여 자연의 운동과 본성에 대한 일반적 원리의 도출을 시도하였다. 자연이란 그것이 원래부터 소속되어 있는 것에서 일어나는 변화이며 일종의 근원이자 원인이다. 이러한 자연물은 각기 자기들 나름대로의 독특한 작용과 반작용을 가지고 있다. 그는 여기서 실재의 본성에 대한 4종류의 기본적인 구성 재료를 이야기하는데 그것은 물, 불, 흙, 공기 네 가지다. 이 네 가지 요소는 자연에서 각각 자연적인 운동과 장소를 가지고 있다. 그러면 자연에서 만들어지는 물질의 구성요소는 무엇인가? 그것이 생겨나도록 한 것이 과연 무엇인가? 이러한 원인에 대해서 아리스토텔레스는 네 가지의 원인을 말하는데, 그것은 질료인, 형상인, 운동인, 목적인이라 한다. 이 중 질료와 형상으로 자연물은 이루어지고, 질료에서 형상이 자기를 실현해가는 생성 발전의 과정으로서 운동인과 목적인으로 구분이 되며 이러한 네 가지 원인을 통하여 자연의 존재가 파악이 된다.

5. 윤리학

아리스토텔레스에게 인생의 목적과 철학과 학문의 목적은 행복이다. 왜냐하면 그에게 있어서 인간이 추구할 수 있는 가장 좋은 것, 즉 최고의 선이 행복이기 때문이다. 인간의 삶에 있어서 가장 중요한 것은 최고의 선인 행복을 찾아가는 과정이다.

그러면 과연 행복을 어떻게 얻을 수 있을까? 신의 섭리에 의해 혹은 우연히 생기는 것일까? 아니면 어떤 훈련이나 학습에 의해 생기는 것일까? 그에게 있어서 행복이란 그것을 찾아가는 과정 속에서 각각의 존재가 가지고 있는 고유 기능인 덕arete을 발견하고 그 기능을 온전히 발휘할 때 행복이 가능하다. 행복한 사람들은 자신의 생활 속에서 꾸준히 덕을 실천을 한다. 그러면 행복을 위한 덕이란 무엇을 말하는 것일까?

하나는 지적인 덕이며 다른 하나는 도덕적인 덕이다. 지적인 덕은 흔히 학교에서 받는 교육에 의해서 생겨나게 된다. 그러나 도덕적인 덕은 습관의 결과로 만들어진다. 도덕적인 덕이란 나면서 타고나는 것도 아니고 본성과 반대되는 것도 아니다. 그것은 습관에토스을 통하여 배우게 된다. 이러한 도덕적인 덕은 쾌락 혹은 고통과 관계가 깊다. 보통 인간들은 고통과 해가 되는 것을 피한다. 또한 올바르지만 고통이 따른다면 그것을 피하게 된다. 이러한 고통과 쾌락의 관계를 잘 처리하는 사람은 덕이 있는 사람이며 그렇지 못한 사람은 덕이 없는 사람이 된다. 덕을 갖춘 사람은 좋은 상태에 이르게 되며, 그 사람은 자신의 삶과 맡은 임무에 대해서 자신의 기능과 역할을 충분히 잘 발휘할 수 있게 된다. 아리스토텔레스는 덕을 갖추기 위하여 중용이 필요함을 이야기한다. 중용의 덕을 설명하면 다음과 같다.

어떤 상황 속에서 행동에 대해 무모할 만큼 지나칠 수 있으며 혹은 비겁하게 행동할 수도 있다. 이런 상태에서 중용이란 용기라고 한다. 물론 용기란 비겁함 쪽에서는 무모함이 될 수 있고, 무모한 쪽에서는 비겁함이 될 수 있다. 또한 중용이 모자람과 지나침의 어느 한쪽에 더 많은 대립이 될 수도 있다. 이것을 표로 만들어보면 다음과 같다.

중용의 덕

	모자람	중용	지나침
쾌락과 고통	무감각	절제	방종
명예와 불명예	비굴함	긍지	오만함
두려움과 태연함	무모함	용기	비겁함
돈	인색함	관대함	방탕함
명예와 불명예	비굴함	긍지	오만함
진리	거짓겸손	진실	허풍
유쾌함	심술궂음	친절	비굴

그러면 어떻게 중용을 잘 지킬 수 있을까? 그것은 쉽지 않으며, 순간마다 닥치는 상황 속에서 악에서 멀어지는 쪽으로 선택해야만 한다. 중용을 지키기 위하여 애를 쓰면서 조금 빗나간 상태는 그리 달갑지 않게 보이지 않는다. 또한 어떤 상황에서는 중용보다 양극단으로 조금씩 더 갔을 때 오히려 중용의 덕을 이루는 경우도 있다. 그는 이러한 개인 각자의 중용의 덕의 마지막은 공동체적인 선과 행복이라고 한다. 인간은 사회적 동물이고, 중용의 덕이란 사회 속에서 한 개인을 행복하게 할 수 있는 최고의 선이 되며, 이것이 모여 공동체의 최고선을 이루게 된다.

6. 정치학

아리스토텔레스에 의하면 국가는 시민들이 모인 집합체이며, 시민들이 국가의 구성원이 되기 위해서는 정치와 사법적인 일에 참여를 해야만 한다. 그는 정치적인 형태를 군주제, 귀족제, 민주제로 분류를 했는데, 그가 가장 선호하는 것은 가장 탁월한 한 사람이 여러 사람들을 다스리는 군주제였다.

그런데 이렇게 탁월한 사람을 만난다는 경우는 있기 힘들기 때문에 그는 여러 다수가 통치를 하는 민주제를 선호했다. 국가의 목적은 훌륭한 삶을 사는 것이며 이것은 한 개인의 행복을 달성하기 위한 목적과도 같다. 인간은 사회 속에서 생활하게 되고 그 속에서 인간의 선善은 실현된다. 중산계급을 중심으로 정치하는 인물이 교대로 하는 최선의 나라 제도가 있다고 한 정체론政體論은 이상적인 민주주의의 이론을 뒷받침을 한다.

또한 아리스토텔레스는 정의와 평등에 대해서 정의하였는데, 한때 알렉산더 대왕을 가르치면서 정의란 마치 피리를 잘 부는 사람에게 가장 좋은 피리가 할당되어야 한다고 이야기를 했다.

아리스토텔레스의 리더십

아리스토텔레스는 소크라테스의 영혼불멸의 사상을 이어받은 플라톤의 제자로서 정신적인 이데아 사상과 그것의 보완으로 실재론을 종합하여 근대 서양철학의 근간을 이루어낸 위대한 철학자 중 한 사람이었다. 그는 철학과 학문의 목표를 행복으로 정하고 중용의 덕을 통하여 개인의 행복을 추구하려고 했다. 또한 그는 그의 정치학을 통하여 군주가 혼자서 통치하는 군주제를 넘어 민주주의의 근거를 마련하였던 지도자였다. 이러한 점은 그가 원했던 행복추구가 개인을 넘어 사회를 상정하고 있다는 것을 보여준 훌륭한 철학자이며, 많은 사람들에게 감동을 주었던 지도자였다.

1. 공동체를 이루어내는 리더십

아리스토텔레스의 인생의 목표는 개개인의 행복이며, 또한 교육의 궁극적인 목적도 행복이었다. 그는 이러한 개인의 행복을 공동체 내에서 이루어내야만 올바르다는 것을 알고 사회 속에서 행복, 즉 공동체의 선을 이루기 위하여 자신의 정치학과 윤리학의 이론을 정립하였던 것을 보게 된다. 그는 공동의 선이 무너지게 되면 인간의 행복도 무너져 버리게 되는 것을 알고 개개인의 덕을 통하여 공동의 선을 추구하였던 것을 보게 된다. 한 집단을 이끄는 지도자란 개인의 행복만 추구해서는 안 된다. 개인을 넘어 한 공동체 아니 한 집단의 행복을 위하여 계획과 행동의 목표를 정해야 한다. 이렇기에 아리스토텔레스의 공동체를 위한 노력은 리더가 필요한 현대 사회에서 없어서는 안 될 필수적인 것임을 잊어서는 안 된다.

2. 행복의 리더십

아리스토텔레스는 자신의 철학과 윤리 그리고 교육의 모든 목표를 행복으로 두었다. 그는 개인의 특성인 덕을 이용하여 사람들이 중용의 덕을 지킬 때 개인의 행복을 넘어 사회의 행복을 지킬 수 있다고 말한다. 한 집단이나 공동체, 더 나아가 한 나라를 다스리는 지도자에게 제일의 원칙이란 개인 각각의 행복을 위해 부단한 노력을 하는 것이라 생각한다. 그가 철학과 다른 영역에서 훌륭한 지도자가 될 수 있었던 것은 개개인의 행복을 중요한 목표로 정하고 그것을 위해 실천을 했던 추진력 때문이었다. 만일 우리의 인생의 목표가 진정한 행복이 아니라고 한다면 인간으로 살아야 할 의미를 찾기 어려울 것이다. 특히 공동체의 지도자란 더욱더 개개인의 행복과 더 나아가 모두의 행복을 위하는 사람이 되어야 한다.

학습문제

01 알렉산더대왕이 이집트를 점령하고 세운 도시 이름이 무엇인가?

① 알렉산드리아 ② 아카데미아 ③ 아테네 ④ 시리아

02 아리스토텔레스 철학의 영향을 받지 않은 것을 고르면?

① 로마 ② 이슬람교 ③ 소크라테스 ④ 기독교

03 다음 중 플라톤의 제자는?

① 소크라테스 ② 토마스 아퀴나스

③ 아리스토텔레스 ④ 어거스틴

04 아리스토텔레스의 사상이 아닌 것은?

① 중용 ② 에로스 ③ 제4인설 ④ 덕

05 아리스토텔레스의 논리학의 바탕이 된 것은 무엇인가?

① 연역법 ② 귀납법 ③ 윤회설 ④ 덕

06 아리스토텔레스의 자연학에서 기본적인 4가지 요소 중 잘못된 것은?

① 질료인 ② 물건인 ③ 운동인 ④ 목적인

학습문제

07 아리스토텔레스가 상정한 정치체제 중 가장 선호한 것은?

① 귀족제 ② 관료제 ③ 군주제 ④ 민주제

08 아리스토텔레스가 말한 실재의 본성에 대한 4종류의 기본적인 구성 재료가 아닌 것은?

① 물 ② 불 ③ 공기 ④ 나무

09 아리스토텔레스가 가장 좋아했던 미술가는?

① 아펠레스 ② 라파엘로 ③ 피카소 ④ 슈베르트

10 아리스토텔레스의 리더십 중 잘못된 것은?

① 행복추구 ② 선의추구 ③ 행복사회건설 ④ 인격수호

참고문헌

권창은(2004). 희랍철학의 이론과 실천. 서울: 고려대학교출판부.

박진규(1985). 아리스토텔레스의 실천적 지혜. 서울: 서광사.

서정욱(2005). 아리스토텔레스가 들려주는 행복 이야기. 서울: 자음과 모음.

신득렬(1984). 교육사상가 연구: 소크라테스, 플라톤, 아리스토텔레스. 대구: 계명대학교출판부.

아크릴, J.L.(1992). 철학자 아리스토텔레스. 한석환 역. 서울: 서광사.

아리스토텔레스(2005). 니코마스윤리학. 홍석영 역. 서울: 도서출판 풀빛.

아리스토텔레스(2007). 수사학. 이종오 역. 서울: 리젬.

아리스토텔레스(1997). 정치학: 시학. 나종일 외 역. 서울: 삼성출판사.

장영란(2000). 아리스토텔레스의 인식론. 서울: 서광사.

전재원(2012). 아리스토텔레스의 철학. 서울: 역락.

조나단 반즈(1989). 아리스토텔레스의 철학. 문계석 역. 서울: 서광사.

조요한(1988). 아리스토텔레스의 철학. 서울: 경문사.

한석환(2015). 아리스토텔레스 수사학연구. 서울: 서광사.

Allan, D.J.(1993). 아리스토텔레스 철학의 이해. 장영란 역. 서울: 고려원.

Brocker, W.(1987). 아리스토텔레스의 철학사상. 김진 역. 서울: 범우사.

Maritain, J.(1984). 철학의 근본이해: 아리스토텔레스, 토마스의 철학. 박영도 역 서울: 서광사.

McLeish, K,(2001). 아리스토텔레스. 장영란 역. 서울: 궁리.

Taylor, A.E.(1996). 아리스토텔레스: 생애와 사상. 이정우 역. 서울: 종로서적.

Warry, J.G.(2012). 그리스 미학: 플라톤과 아리스토텔레스. 김진성 역. 서울: 그린비.

Urmson, J.O.(1996). 아리스토텔레스의 윤리학. 장영란 역. 서울: 서광사.

제 11 장

서양의 리더 예수

생각의 시간 ······································ BC와 AD 그리고 예수의 탄생일

B.C.는 영어 Before Christ의 약자로 예수를 중심으로 예수가 출생하기 전의 시대를 말한다. 반면에 A.D.라틴어 Anno Domini(아노 도미니)의 약자로 주(主)의 해를 뜻한다. 처음 서양의 달력을 창안한 사람은 A.D.526년 동로마 제국의 황제였던 저스틴(Justin, 518~527)의 명령을 받은 스키디아 사람 천문학자이며 수학자였던 디오니시우스 엑시구스(Dionysius Exiguus)라고 알려져 있다. 그는 로마력 대신 기독교 달력을 만들면서 예수가 탄생한 해를 기점으로 1년을 하고자 했었다. 그러나 기원 0년을 생각하지 못했으며, 특히 로마 황제였던 가이사 아구스도(Caesar Augustus)와 그 다음 황제였던 가이사 디베료(Caesar Tiberius)가 공동 통치했던 기간을 착각하여 4년 이상의 차이가 생겼다고 한다.

예수의 탄생일인 12월 25일은 고대 로마에서 농업의 신을 축하하는 사터나리아(Saturnalia) 축제(12월 17일부터 한 주간) 후에 미스라(Mithra)교의 태양신 축제일인데, 예수를 의(義)의 태양이라고 여기면서 그의 탄

생을 축하하며 기독교를 숭상하는 데서 유래되었다고 한다.
예수는 이 세상을 살아가면서 사랑과 봉사와 희생을 몸소 보여주었으며 이러한 교훈은 기독교를 통하여 우리들에게 전달이 되었다. 그렇기에 예수의 교훈과 종교적 예식을 위하여 만들어진 교회란 그가 가르쳐준 교훈을 세상에 베풀기 위해 존재해야 한다는 사실을 잊지 말아야 한다. 이러한 것을 통하여 현대 많은 교회들이 가난하고 억압받는 사람들을 위해 그의 교훈을 실천하고 있는지 깊이 성찰해 보아야 한다.

예수의 생애

1. 예수의 일생과 배경

기독교운동의 시조로 알려진 예수Jesus Christ는 B.C. 4년경 로마제국의 식민지 이스라엘 나라의 팔레스타인 지방인 갈릴리지방 베들레헴바이트 람, Bayt Lahm에서 태어났으며 자란 고향은 나사렛이다. 그가 태어날 때 로마의 황제 가이사 아그스도B.C.27~A.D.14는 명을 내려 모든 사람이 각자의 고향에 가서 호적하라고 했던 때이다. 그의 아버지는 이스라엘의 전통적인 12지파 중 하나였던 유다지파이며 다윗의 후손이었던 요셉이라는 인물이며 어머니는 마리아로 유다지파의 율법학자인 요아킴과 제사장이었던 맛단의 딸인 안나 사이에서 7남매 중 맏딸로 태어났다. 그는 다윗의 자손인 유대인으로 아버지의 직업을 이어 받은 목수였으며, 가정의 경제사정은 그리 넉넉하지 못했다. 예수는 어렸을 때 상당히 총명했으며, 회당에서 율법을 배웠던 것으로 보인다.

이스라엘 나라의 유대인들은 여호와Jehovah 하나님이 자신들을 택했다는 선민사상을 믿고 있었다. 특히 하나님이 구세주Messiah를 보내, 선민인 유대인들을 구원해 줄 것이라는 종말론적인 메시아사상을 가지고 있었다. 로마의 지배 아래서 황제숭배를 거부하여 상당한 핍박을 받고 있었던 유대인은 각지에서 반란을 일으켰으나 실패하게 되었고, 유대인들의 지배계급이었던 사두개파와 종교 지도자 계급인 바리새파는 한편으로 로마의 지배에 협력하고 다른 한편으로 유대교 율법의 형식화의 근원이 되어 민중의 아픔에 응할 수가 없었다. 이러한 때에 예수가 태어나 활동을 하게 된다. 그가 30세쯤 되어서 그의 공생애를 시작하여 활동한 때에는 종말론 사상을 품으며 반로마의 생각을 가지고 있었던 열심당熱心黨과 광야에서 은둔적인 공동생활을 하며 메시아의 출현을 기다린 엣세네Essene파 등의 운동이 활발히 일어나고 있었다. 이러한 파벌로부터 요단강의 세례요한의 회개를 위한 세례운동이 일어나게 되었으며, 유대인들 중에 가장 억압받고 차별받아 온 사람들이 결집하게 된다. 예수는 이러한 운동의 지도자 중의 한 사람이었으며, 세례요한이 체포되어 처형된 후 갈릴리 지방의 열심당과 세례요한과 함께했던 사람들 그리고 사마리아인 등은 예수의 운동에 합류하게 된다.

예수는 지배계급을 향해서는 날카로운 비판의 말을 전하였는데, "내가 세상에 화평을 주러 온 줄로 생각지 말라. 화평이 아니라 검劍을 주러 왔노라"마태복음 10: 34고 하며, 반면에 가난하고 소외된 자들에게는 "가난한 자는 복이 있나니, 천국이 너희 것이니라"누가복음 6:20고 하는 가르침을 주게 된다. 많은 사람들은 예수를 따랐고 특별히 그에게는 12명의 제자들시몬베드로, 안드레, 야고보, 요한, 빌립, 바돌로메, 도마, 마태, 알패오의 아들 야고보, 다대오, 시몬, 가룟유다이 있었으며, 많은 사람들이 예수를 구세주메시아, Messiah로 믿고 그의 예루살렘 입성을 환영하였다. 그러나 반면에 유대교 지배계층과 로마는 이러한 예수의 운동이 반로마적 성격을 띤 민중의 메시아 운동이라는 것을 우려하게 된다. 그 후에 A.D. 31~32년경 예수를 체포하여 로마의 형법에 따라 십자가형에 처하고, 무력에 의해 예수가 주도한 운동을 진압하게 된다. 예수가 죽은 후에 그가 '부활'하였다는 신앙이 생겨나 원시 기독교 교단이 형성되어 이윽고 바울Paul에 의해 엄격한 유대교 율법과는 조금 다르지만 유대교를 모체로 하는 예수Christ 종교인 초대기독교가 형성이 된다.

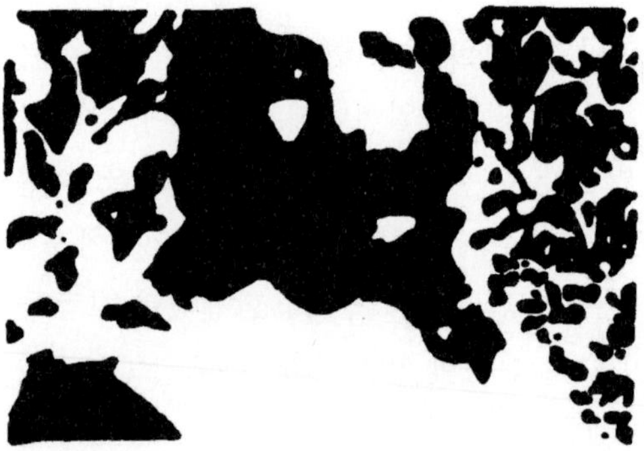

▸ **예수의 형상**

예수를 구세주로 믿는 신앙을 가진 사람들은 그의 형상을 볼 수 있다고 한다.

2. 예수의 영향

예수가 그 당시 피지배층 많은 사람들과 함께 한 예수 운동은 그의 십자가 사건 이후에 바울에 의해 만들어진 초대 기독교의 모습을 형성하는 데 지대한 영향을 주게 된다. 이러한 영향은 313년 로마의 황제였던 콘스탄틴Constantinus, 274~337의 밀라노 칙령을 통하여 초대기독교catholic를 공인하고 379년 데오도시우스 황제가 초대기독교를 국교화하여 그 당시 초대기독교를 로마의 종교로 만들고 종교의 자유를 인정하도록 선포하게 된다. 또한 초대기독교는 중세서로마제국의 붕괴에서부터 루터의 종교개혁까지 기간를 통하여 로마카톨릭교회Roman Catholic로 이어지고 현재의 기독교Christianity와 카톨릭교회Roman Catholic가 현존하게 되는 배경이 되었다.

관계된 글과 그림

Catholic, Roman Catholic, Christianity 예수운동 이후 바울에 의해 형성되었던 초대기독교인 예수Christ 종교는 유대교에 뿌리를 두고 있었다. 초대기독교는 기원 후 1~2세기경 안디옥의 주교였던 이그나티누스Ignatius, A.D.35~117에 의해 처음으로 카톨릭Catholic이란 명칭으로 사용되었다고 전해진다.

카톨릭의 의미는 보편적, 공동적 이라는 뜻의 헬라어 카돌리코스라는 말에서 유래되었다. 누구나 믿을 수 있었던 보편적인 예수 종교는 A.D.379 로마의 황제 데오도시우스에 의하여 로마의 종교로 탈바꿈하면서 로마카톨릭Roman Catholic으로 명칭이 바뀌게 된다.

1517년 로마카톨릭의 사제였던 마틴 루터Martin Luther는 자기가 속해 있던 로마카톨릭의 종교적인 부패 때문에 비텐베르크 성 문앞에 95개조 조항을 붙였고, 이것이 도화선이 되면서 종교개혁의 불길이 일어났다. 로마카톨릭을 믿던 많은 신자들은 초대교회 신도들이 믿었던 "믿음으로 구원을 얻는다"는 『로마서』의 구절을 바탕으로 초대기독교의 신앙으로 돌아가자고 하였고, 이러한 운동을 통하여 기독교Christianity가 형성되었다.

초대기독교의 기호와 표상인 물고기 수년 전 자동차 뒤쪽에 물고기 문양을 붙이는 것이 기독교인들 사이에서 유행했다. 그리스어로 물고기는 '예수 그리스도 하나님의 아들 구세주'라는 말의 첫 글자들을 조합한 단어와 같다. 물고기를 뜻하는 그리스어는 이크투스*ΙΧΘΥΣ*로, 초기 기독교인들은 이 단어가 Iesous Christos Theou Uios SoterJesus Christ who is the Son of God is Our Savior, 하나님의 아들인 예수 그리스도는 우리의 구세주이다의 앞 첫 글자의 조합으로 여겼기 때문이다. 마케도니아의 알렉산더 대왕이 죽은 후 이탈리아반도의 작은 나라였던 로마는 B.C. 1세기에 마케도니아를 침공

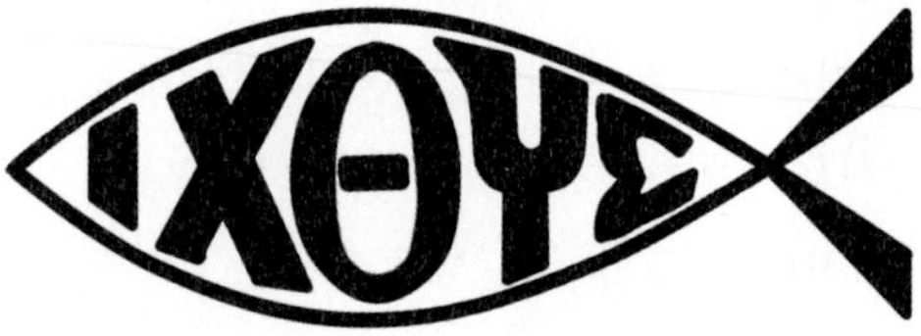

▸ 물고기

해 승리를 얻게 된다. 그러나 그 당시 지중해 연안에 살았던 초대 기독교인들은 로마황제를 숭배하지 않음으로써 상당한 핍박을 받게 된다. 초대기독교인들은 이러한 종교적인 탄압 때문에 공공연히 예배를 드리지 못하고 로마 주변에 있는 복잡한 지하 공동묘지에서 예배를 드리곤 했는데, 그들만 아는 이 물고기의 문양을 따라가면 예배의 처소에 이르게 되었다고 한다. 이러한 유래를 통하여 물고기의 의미가 기독교의 상징적인 문양으로 정착이 되었다.

황금률(Golden Rule)의 유래 예수가 「마태복음」 7장 12절과 「누가복음」 6장 31절에서 사용했던 황금률인 "그러므로 무엇이든지 남에게 대접을 받고자 하는 대로 너희도 남을 대접하라"라는 구절은 웬만한 종교의 경전 속에서 쉽게 발견할 수 있다. 유교를 창시한 공자의 어록이 담긴 『논어』에서 공자는 자기가 하고 싶은 것이 아니라면 다른 사람에게 시키지 말라고 교훈한다기소불욕 물시어인己所不欲勿施於人 또한 주희가 집대성한 사서四書 중 하나인 『대학』에서는 혈구지도絜矩之道라는 말로 황금률을 표현하고 있다. 사실 황금률은 3세기의 로마 황제 세베루스 알렉산더Severus Alexander, 208~235가 이 문장을 황금으로 써서 자신의 거실 벽에 붙였고 이것이 외부로 알려진

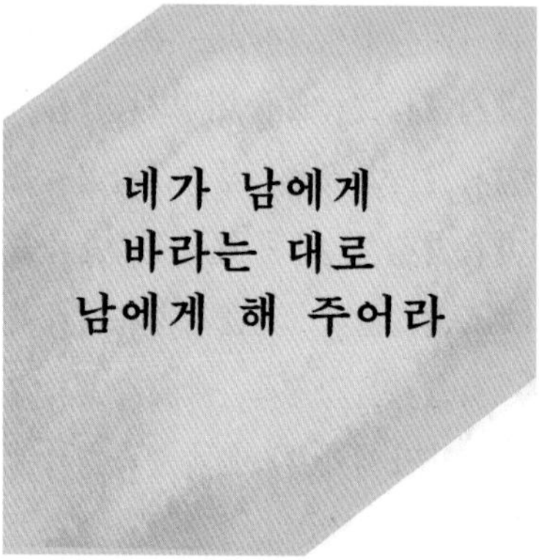

▸ 황금률(Golden Rule)

것으로 보고 있다. 그 당시 여러 나라와 다양한 계층의 사람들이 이 황금률을 사용했는데, 특히 그 당시 상인들 사이에서 그리고 관계가 안 좋은 친구 사이에서 흔하게 사용했다고 한다.

예수의 철학과 사상

예수는 특별히 자신이 지었던 저작이 없다. 그러나 그가 죽은 후 많은 제자들이 예수와 지냈던 회상과 활동 기록을 모아서 만든 신약성경의 4개의 복음서에서 그의 철학과 사상을 엿볼 수 있다. 그가 행했던 여러 가지 활동이 있지만 대표적인 예수의 사상을 소개하면 아가페사랑, αγαπη 이다. 「마태복음」 5~7장에 보면 흔히 산상수훈으로 알려진 내용이 나온다. 이곳의 주요 사상은 너희가 대접받고자 하는 대로 너희도 남을 대접하라는 내용이며, 이것은 흔히 황금률이라고도 불린다. 또한 예수는 그 당시 청중들에게 어떻게 마음가짐을 해야 하는지에 대해서 이야기한다. 특히 폭력, 투기, 간음, 음욕, 도적질, 탐심, 다툼 등의 잘못된 마음가짐에 대해 올바른 마음을 가지고 행하며 용서하고 화해하라고 가르쳐 준다. 그런데 예수가 우리에게 가르쳐준 교훈들 중에서 모든 것을 한 가지로 꿰뚫을 수 있는 것이 바로 아가페의 사랑이며, 그는 아가페에 대해서 4복음서에서 여러 가지 형태로 우리들에게 교훈을 주고 있다.

1. 「마태복음」

또 이웃을 사랑하고 네 원수를 미워하라 하였다는 것을 너희가 들었으나 나는 너희에게 이르노니 너희 원수를 사랑하며 너희를 핍박하는 자를 위하여 기도하라 너희가 너희를 사랑하는 자를 사랑하면 무슨 상이 있으리요 세리도 이같이 아니하느냐 (마 5: 43~46)

당시 세리는 지금 세무서와 같이 세금을 걷는 사람들이었다. 이 사람들은 언제나 백성들에게 환영받지 못했다. 예수는 너희들이 싫어하는 세리조차도 자신을 사랑하는 자를 사랑하기 때문에, 아가페란 인간으로서 미워할 수밖에 없는 대상, 즉 도저히 사랑할 수 없는 그 사람을 사랑하는 것임을 가르쳐 주고 있다.

■ 네 부모를 공경하라 네 이웃을 네 몸과 같이 사랑하라 하신 것이니라 (마 19: 19) ■

이 구절 바로 전에 상황은 어떤 사람이 예수께 와서 무슨 선한 일을 해야 영생을 얻을 수 있을지를 묻는 장면이다. 그때 예수는 그 사람에게 선한 일에 대한 대답을 하면서 교훈을 주는데, 그것은 네가 생명에 들어가려면 아가페의 계명을 지키는 것이라고 가르쳐 준다.

2. 「마가복음」

■ 예수께서 그를 보시고 사랑하사 가라사대 네게 오히려 한 가지 부족

한 것이 있으니 가서 네 있는 것을 다 팔아 가난한 자들을 주라 그리하면 하늘에서 보화가 네게 있으리라 그리고 와서 나를 좇으라 하시니 (막 10: 21) ■

이 구절은 어느 제자가 와서 "선생님이여 내가 무엇을 하여야 영생을 얻으리이까"라고 묻고 있으며, 예수는 그에게 아가페를 이루기 위하여 해야 할 일을 말하고 있다. 이 복음서는 예수의 요구가 자신이 가지고 있는 모든 것을 버리는 금욕이 자신의 제자가 되기 위한 하나의 과정으로 보고 있다.

3. 「누가복음」

■ 그러나 너희 듣는 자에게 내가 이르노니 너희 원수를 사랑하며 너희를 미워하는 자를 선대하며; 너희가 만일 너희를 사랑하는 자를 사랑하면 칭찬받을 것이 무엇이뇨 죄인들도 사랑하는 자를 사랑하느니라 (눅 6: 27, 32) ■

■ 대답하여 가로되 네 마음을 다하며 목숨을 다하며 힘을 다하며 뜻을 다하여 주 너의 하나님을 사랑하고 또한 네 이웃을 네 몸과 같이 사랑하라 하였나이다 (눅 10: 27) ■

이 구절들에서도 예수는 아가페의 근본이 이웃을 사랑하는 것이요, 미워하는 자를 선대하는 것임을 말하고 있다.

4. 「요한복음」

■ 새 계명을 너희에게 주노니 서로 사랑하라 내가 너희를 사랑한 것 같이 너희도 서로 사랑하라 (요 13: 34) ■

예수는 제자들에게 서로 서로 미워하지 말고 사랑하라고 가르쳐 주는데, 이것은 공동체 안에서 화목하라는 당부의 교훈인 것이다.

■ 너희가 나를 사랑하면 나의 계명을 지키리라; 나의 계명을 가지고 지키는 자라야 나를 사랑하는 자니 나를 사랑하는 자는 내 아버지께 사랑을 받을 것이요 나도 그를 사랑하여 그에게 나를 나타내리라
(요 14: 15, 21) ■

예수는 자신을 따르는 표징이 자신이 교훈한 계명을 지키는 것이라고 말하고 있다.

특히 「누가복음」에서는 예수가 전해준 아가페 교훈에 대해서 다른 복음서보다 더 특별한 경우에 쓰인 예를 들고 있다.

원수사랑 「누가복음」은 사회적으로 소외된 사람들에 대한 특별한 관심이 있다. 그렇기에 누가는 이런 사람들에 대해서 다른 복음서들보다 자세히 자기만의 독특한 시각으로 복음서를 적고 있다. 「누가복음」 6장은 예수가 바리새인들과 안식일 논쟁을 하는 장면에서 시작을 한다. 그는 사람들을 가르치신 후 12제자를 택한다. 그 후에 「마태복음」 5장에 있는 산상수훈과 비교되는 평지설교를 한다.

「누가복음」 6장 27절에 보면 아가페가 이웃사랑의 모습에서 원수 사랑으로 확장된 모습을 보여준다.

■ 그러나 너희 듣는 자에게 내가 이르노니 너희 원수를 사랑하며 너희를 미워하는 자를 선대하며 너희를 저주하는 자를 위하여 축복하며 너희를 모욕하는 자를 위하여 기도하라 네 이 뺨을 치는 자에게 저 뺨도 돌려 대며 네 겉옷을 빼앗는 자에게 속옷도 금하지 말라 무릇 네게 구하는 자에게 주며 네 것을 가져가는 자에게 다시 달라지 말며 남에게 대접을 받고자 하는 대로 너희도 남을 대접하라 (눅 6: 27~31) ■

여기에서 원수의 희랍어 명사는 남성 복수로 사용을 했기 때문에 한 사람이 아닌 단체나 그룹을 뜻한다. 원수들이라는 단어 표현에서 이들이 이스라엘 백성들에게 박해와 차별을 강요할 수 있는 권력을 가진 어떤 집단이나 사람들을 의미할 수 있다. 여기에서는 로마 군대나 혹은 로마 자체로 생각해 볼 수 있다. 원수인 로마를 상대하여 싸운다는 것은 무모하며 예수의 복음을 전파하는 데에도 좋은 방법이 될 수 없다. 그렇기에 원수를 사랑하라는 것은 로마의 제국주의와 기독교가 아무런 마찰 없이 공존할 수 있는 방법이 되었던 것이다. 즉 로마의 제국주의를 이용하여 자연스럽게 다른 이방인들이 성서와 예수의 복음을 접할 수 있게 된다.

그렇기에 「누가복음」에서 그가 가르친 원수 사랑이란 단순한 원수 그 이상의 의미가 내포되어 있는 종교 교육적인 가르침임을 알 수 있다. 사실 당시 로마인들의 횡포란 말로 다 할 수 없었으며 통치 권력자의 핍박은 날로 거세지고 있었지만, 그가 권력의 통치자들을 향해서 제자들에게 명령한 것은 서로간의 공존을 위하여 마음을 열고 아가페로 사랑하라는 것이다. 도저히 함께할 수 없고 사랑할 수 없는 로마제국과 이스라엘 사람들 간의 정치 사회적인 갈등을 가지고 함께 살아가라는 교훈이 밑바탕에 깔려 있다. 즉 도저히 함께 할 수 없는 부류의 사람들조차도 비폭력적으로 아가페로 사랑하여 상대편의 잘못을 깨닫게 하고 서로의 피해를 줄이며, 공생할 수 있는 교훈을 가르쳐주고 있다.

이방인사랑 누가는 사랑의 범위를 선한 사마리아인의 비유에서누 10: 25~37 이방인에게까지 확대시킨다. 유대인들과 사마리아 사람들에 대한 관계성을 이야기하면 다음과 같다.

구약시대에 솔로몬 왕이 죽은 이후에 이스라엘은 남 왕국 유다와 북 왕국 이스라엘로 양분되었고 주전 8세기 북 왕국은 주변 강대국이었던 앗수르에게 멸망당했다. 이후에 그들의 문화와 종교가 혼합되기 시작했고, 마침내 이스라엘과 앗수르간의 국제결혼이 성행하게 되었다. 이것이 북 왕국 사람들과 남 왕국 유대인들과의 갈등의 시작이었다. 북쪽 이스라엘은 앗수르와의 잡혼뿐 아니라 이방신을 섬기게 되면서 서로 간의 갈등은 극에 이르게 된다. 유대종족들은 하나님 외에 다른 신을 섬기지 못하게 되어 있는 첫 번째 계명을 북쪽 이스라엘인들이 어겼기 때문에 남쪽 유대인들은 북쪽 사마리아 지역 사람들을 불순한 사람들, 계명을 어긴 벌레보다 못한 사람들 그리고 자신들의 종족이 아닌 이방인처럼 여겼다. 반대로 사마리아인들은 그렇게 자신들을 미워하는 남쪽 유대인들을 용서할 수 없는 감정을 가지게 되었던 것이며, 유일신 사상에 대한 율법을 어긴 것과 이방인들과의 잡혼에 대해서 유대인들은 사마리아인들에게 커다란 분노를 가지게 되었다.

그런데 여기에 나오는 선한 사마리아인의 비유에서 어려움에 처한 사람을 도운 사람이 유대인이 아닌 사마리아 사람으로 등장을 하고 있는데 이것은 누가의 편집 의도가 단순한 이웃사랑의 의미를 넘어서고 있음을 암시하고 있다. 비유의 중심은 유대인들의 종교적, 배타적, 그리고 민족주의적인 이웃 관을 비판한 것이며, 이러한 면을 알고 예수는 제자들을 향하여 아가페의 사랑을 통하여 진정한 이웃 사랑을 실천하라는 교훈을 주고 있다. 누가의 편집 의도가 우리가 생각하는 이웃사랑의 의미를 넘어서고 있음을 보여주는 예를 다음에서 볼 수 있다. 미국 클라렌스 조단Clarence Jordan의 번안된 성서 The Cotton Patch Version of Luke and Acts를 소개하면 다음과 같다. 이것은 미국 남부 지방 흑인들에게 전하기 위해 이해하기 쉽도록 번안한 성서이다.

■ "어떤 한 사람이 아트란타로부터 알바니로 여행하고 있었는데 몇 명의 악당들이 그의 길을 가로 막았다. 그들은 그의 돈지갑과 새 양복을 빼앗고 그를 때려 눕혀 고속도로변에 던져버리고는 그의 차를 몰고 달아났다. 그런데 마침 한 백인 설교자가 같은 길로 내려오고 있었는데 그 사람을 보고는 속력을 더 내서 재빨리 지나가 버렸다. 잠시 후 한 백인 성가 지도자가 그 길을 내려오다가 일어난 사고를 보고는 그도 역시 속력을 내어 그곳을 피해 버렸다. 그 후 한 흑인이 그 길로 여행하다가 그 사람이 있는 데까지 와서는 동정심으로 인해 눈물을 흘렸다. 그는 차에서

내려 최선을 다해 그의 상처를 싸매주고 자신의 물통에서 물을 꺼내 피를 닦아주고 그를 뒷좌석에 실었다. 그는 알바니로 달려가 그를 병원으로 데리고 가서 간호원에게 '이 사람을 고속도로에서 데리고 왔는데 최선을 다해 돌보아 주십시오. 여기 내가 가지고 있는 2달러가 있습니다. 그러나 그가 지불해야 할 돈은 다 받게 될 것입니다. 그가 다 지불할 수 없다면 내 봉급날에 내가 당신께 다 갚겠습니다" ■

여기에서 레위인이나 제사장의 역할을 백인이 하고 있으며, 선한 사마리아인의 역할은 한 흑인이 하고 있음을 보게 된다. 그렇기 때문에 누가가 전한 선한 사마리아인의 비유의 참된 의미는 유대인들과 사마리아인들 간의 반목과 갈등 그리고 백인과 흑인과의 갈등 사이에서 주는 아가페의 가르침이다. 이 구절에서 예수가 전한 비유의 의미란 당시 팽배했던 이방인에 대한 반감 그리고 사마리아 사람들과 유대인들 간의 갈등의 모습 속에서 선한 사마리아인의 비유를 보여줌으로써 독자들에게 이웃의 정의가 무엇인지 그리고 아가페의 의미가 무엇인지를 깨닫게 해주고 있다. 아가페란 진정으로 어려움을 처한 사람을 돕는 것이며 이것이 이웃사랑의 기본이 되고 있음을 가르쳐준다. 즉 아가페의 사랑이란 단순히 율법을 제정하고 생각해 보는 것이 아니라 마음 깊이 율법을 지키며 실천하는 것이다.

또한 이 이야기는 이웃에 대한 사랑 이상의 의미를 주는, 즉 아가페적인 사랑으로 이웃과 더불어 산다고 하는 것이 어떤 것인지를 보여주고 있다. 단순히 이웃에 있는 사람들을 사랑하는 것을 넘어서 절대로 화해하고 용서할 수 없었던 이방인과도 같은 사람들이 어려움을 당했을 때에 그들의 손을 잡아주고 사랑하라는 사회 대 통합적인 예수의 가르침이다.

죄인사랑 누가가 의도한 아가페의 사랑은 단순한 이웃사랑을 넘어서 사회 통합적인 요소를 가지고 있음을 계속해서 보여주고 있다. 다음 구절은 우리가 이웃을 용서하는 대상의 범위가 일반적인 이웃의 개념보다 훨씬 더 넘어 있는 예를 보여준다. 누가는 예수의 가르침을 통하여 이웃사랑의 대상을 우리에게 범죄를 저지른 죄인에 대한 사랑으로 확대하고 있다.

■ 한 바리새인이 예수께 자기와 함께 잡수시기를 청하니 이에 바리새인의 집에 들어가 앉으셨을 때에 그 동네에 죄인인 한 여자가 있어 예수께서 바리새인의 집에 앉으셨음을 알고 향유 담은 옥합을 가지고 와서 예수의 뒤로 그 발 곁에 서서 울며 눈물로 그 발을 적시고 자기 머리털로 씻고 그 발에 입 맞추고 향유를 부으니 예수를 청한 바리새인이 이것을 보고 마음에 이르되 이 사람이 만일 선지자라면 자기를 만지는 이 여자가 누구며 어떠한 자 곧 죄인인 줄을 알았으리라 하거늘 예수께서 대답하여 가라사대 시몬아 내가 네게 이를 말이 있다 하시니 저가 가로되 선생님 말씀 하소서 가라사대 빚 주는 사람에게 빚진 자가 둘이 있어 하나는 오백 데나리온을 졌고 하나는 오십 데나리온을 졌는데 갚을 것이 없으므로 둘 다 탕감하여 주었으니 둘 중에 누가 저를 더 사랑하겠느냐 시몬이 대답하여 가로되 제 생각에는 많이 탕감함을 받은 자니이다 가라사대 네 판단이 옳다 하시고 여자를 돌아보시며 시몬에게 이르시되 이 여자를 보느냐 내가 네 집에 돌아오매 너는 내게 발 씻을 물도 주지 아니하였으되 이 여자는 눈물로 내 발을 적시고 그 머리털로 씻었으며 너는 내게 입 맞추기를 그치지 아니하였으며 너는 내 머리에 감람유도 붓지 아

니하였으되 저는 향유를 내 발에 부었느니라 이러므로 내가 네게 말하노니 저의 많은 죄가 사하여졌도다 이는 저의 사랑함이 많음이라 사함을 받은 일이 적은 자는 적게 사랑하느니라 (눅 7: 36~47) ■

여기서 등장하는 여인에 대해서 유대인의 종교적인 관습으로 생각해보면, 이 여자는 죄인이었고 유대교 안에서는 부정한 죄인과 접촉을 하게 되면 그 또한 부정해진다는 것이다. 주전 2세기에서 주후 1세기까지 유대교는 몇 개의 종파로 나누어져 있었다. 바리새파, 사두개파, 에세네파, 그리고 열심당이다. 사두개파는 생각이 보수적이고 에세네파는 숙명론적인 데 반해서 바리새파는 그 중간 정도이다. 열심당은 베드로가 속해 있었던 혁명적인 과격파이다. 여기에서 바리새파는 예수 당시에 약 6,000명의 회원을 가지고 있었고 율법에 대한 그들의 특별한 열심과 관심은 일반인들에게 존경을 받았다.

이 구절에서 죄 많은 여인은 예수에게 와서 향유 담은 옥합을 그에게 붓기를 소망하였다. 이것을 보고 있었던 바리새인은 그가 죄 많은 여자의 죄를 알고 간파해주기를 원하는 장면이다. 그런데 예수는 그 여인을 그대로 두고 있다. 사실 여기에서 율법에 능통한 바리새인은 예수가 죄 많은 여인과 같이 하면 부정하게 되는, 어쩌면 율법을 어기는 부정한 행동을 한 것에 대해서 은근히 신경을 곤두세우고 있었을 지도 모른다. 왜냐하면 유대교 율법에서 죄인과 접촉하지 말라는 조항이 있기 때문이다. 그러나 그는 이러한 바리새인의 마음을 간파하고 유대인들이 지키고 있는 율법보다 더 높은 차원의 아가페를 그에게 교육하고 있다. 즉 예수의 대답은 율법의 논쟁이 아니라 죄인을 이웃으로 인식하고 그들을 아가페로 사랑해야 하는 교훈

▸ 예수

을 던져주고 있는 것이다. 율법을 잘 지키는 바리새파 사람들은 예수가 이 여인이 죄인인줄 알기 때문에 당연히 피했어야 하는데도 그렇지 않았기 때문에 비난의 대상이 될 수 있고, 그가 랍비 혹은 예언자가 될 수 없다는 생각을 가지고 있었을 수도 있다.

그러나 누가의 의도는 예수의 이웃의 개념을 확장하여 죄인에게까지 아가페로 사랑해야 함을 가르쳐 주고 있다. 이웃의 가장 경멸스러운 죄인에게까지 하나님의 아가페를 전해 주어야 한다는 것이다. 또한 여기에서 누가가 의도한 또 다른 예수의 교훈은 그 당시 남자에 비해서 상당히 지위가 낮았던 여인에 대한 문제를 다루는 내용이다.

예수는 누가복음을 통하여 가난한 자 그리고 소외된 자, 특히 여인에 대한 차별에 관심을 기울이고 있음을 알게 된다. 이렇게 보았을 때 유대교의 정통 혈통을 타고났고, 그 당시 많은 사람들에게 선생으로 칭송을 받던 그가 율법의 능통한 한 바리새인의 집에 초청을 받았을 때 한 여인과 접촉을 하게 된다. 여인과 접촉을 하는 그를 보고 그 당시 율법사였던 바리새인 시몬은 율법을 잘 아는 선생인 그가 율법을 어기고 있음을 지적을 하고 싶었던 것이었다. 그러나 그는 그의 속마음을 알아차리고 유대교의 율법이 아닌 새로운 계명인 하나님의 아가페를 가르쳐주고 있다. 즉 예수가 전한 새로운 아가페의 계명은 당시 사회에 팽배되었던 남자와 여자의 성차별의 문제를 뛰어 넘는 진정한 사랑의 계명이었고, 또한 그 여인의 죄까지도 용서하라는 것이며, 그 당시 유대인들의 사고방식을 깨뜨리는 아가페의 교훈을 전하고 있다.

예수의 리더십

유대인의 혈통과 율법을 이어받고 성장한 예수는 시대적으로 로마의 정치적인 압제 속에 살았다. 종교적으로 점점 형식화되었던 유대교 지도자들은 가진 자 편에서 소외되고 약한 사람들을 외면하였고, 또한 많은 사람들이 경제적으로 점점 더 어려워져만 가는 현실 속에서 그는 자신의 공생애를 시작한다. 그는 억압 속에 있던 이스라엘 백성들과 많은 이방인들을 바라보면서 하나님이 우리들에게 진정으로 바라던 계명과 제자의 길을 가르쳐주며 사랑과 용서를 몸소 보여준 성인이었다. 훌륭한 지도자로서 그가 보여준 지도력은 아무리 이야기한다고 해도 부족함이 없다. 그는 유대교에서 강조하는 사랑과 용서의 깊이를 더 하여 공동체내에서 화목과 배려 그리고 더 나아가 이질적이며 포용하기 어려운 사람들을 사랑하고 화해하라는 지도력을 우리들에게 보여주었다.

1. 신뢰와 화목의 리더십

예수는 제자들의 공동체가 파괴되는 것을 염려하여 서로 사랑으로 하나가 되기를 원하는 지도자였다. 그래서 그는 제자들을 신뢰하고 믿었다. 사실 그는 제자 중 가룟 유다가 예수를 대제사장의 무리들에게 자신을 넘겨줄 것이라는 사실을 이미 알았지만, 제자이기에 마지막까지 그를 믿었던 것을 볼 수 있다. 또한 자신이 십자가에 죽은 후에 낙심했던 베드로를 끝까지 믿어줌으로써 나중에 훌륭한 지도자의 역할을 할 수 있게 도와주게 된다.

이와 같이 한 집단의 지도자는 남의 허물을 덮어주고 용서하며 사랑하며 더 나아가 신뢰하는 마음을 가져야 함을 손수 보여 주었다. 또한 그는 서로 시기하며 질투하는 공동체 사람들에게 하나가 되기를 바라며 자신이 친히 십자가에 달려 죽기 전 제자들을 모아놓고 식사도 하고, 발을 닦아 주기도 하며 화합의 공동체를 이룰 것을 당부했다. 이것은 오늘날 한 집단을 이끄는 지도자에게 꼭 필요한 자질임에 틀림없다.

2. 사랑과 봉사의 리더십

예수가 자신의 짧은 인생을 통하여 가르쳐 준 사랑과 봉사의 모습은 한 공동체 내에서뿐만 아니라 더 나아가 인종과 성별을 초월해 있다. 또한 그가 전한 아가페의 리더십은 성인으로 우리들이 속한 집단에서 지도자가 가져야 할 덕목인 것이다. 특히 「누가복음」에서 보여준 빈부의 격차, 남녀의 성별, 그리고 죄인들 혹은 증오의 대상들조차도 사랑으로 그들을 품어야 한다는 것을 우리들에게 가르쳐 주었다. 이것은 기독교에서뿐만 아니라 세상을 살아가는 우리 모두에게 꼭 필요한 것임을 알 수 있다.

권력을 가지고 있는 자들 그리고 부와 명예를 가진 사람들 편에서 그들을 추종하는 것이 아니라 지도자는 자신의 이익을 버리고 약자와 어려운 사람들의 편에서 공동체의 이익과 행복을 위하여 존재하는 것임을 알아야 한다.

학습문제

01 예수 당시에 존재했던 파벌이 아닌 것은?

① 바리새파 ② 이슬람파 ③ 사두개파 ④ 열심당

02 예수의 열두 제자가 아닌 것은?

① 요한 ② 베드로 ③ 바울 ④ 야고보

03 예수의 사상이 아닌 것은?

① 사랑 ② 미움 ③ 용서 ④ 화목

04 예수는 이스라엘 12지파 중 어느 지파 태생인가?

① 레위 ② 유다 ③ 르우벤 ④ 다니엘

05 물고기가 의미하는 것이 아닌 것은?

① 물고기 ② 예수 ③ 구세주 ④ 신의 아들

06 선한 사마리아인의 비유가 나온 책은?

① 마태복음 ② 누가복음 ③ 마가복음 ④ 요한복음

학습문제

07 기독교를 국교화시킨 로마의 황제는?

① 네로 ② 콘스탄티누스 ③ 어거스틴 ④ 데오도시우스

08 초대교회 당시 상인들 사이에서 그리고 관계가 안 좋은 친구 사이에서 흔하게 사용한 문구를 가리켜 무엇이라 하는가?

① 상업률 ② 황금률 ③ 속대전 ④ 우정률

09 제자들의 하나 됨과 사랑을 강조했던 책은 무엇인가?

① 마태복음 ② 누가복음 ③ 마가복음 ④ 요한복음

10 예수의 리더십 중 잘못된 것은?

① 신뢰 ② 화목 ③ 봉사 ④ 증오

참고문헌

김기령(1995). 예수그리스도의 이력서. 서울: 한국기독문서간행회.
김득중(1991). 누가의 신학. 서울: 컨콜디아사.
김득중(1988). 신약성서개론. 서울: 컨콜디아사.
김명수(2004). 역사적 예수의 생애. 서울: 한국신학연구소.
김명수(1999). 원시그리스도교 예수 연구. 서울: 한국신학연구소.
김준식(2005). 예수는 누구인가. 서울: 로뎀나무.
김홍기(1993). 세계기독교의 역사이야기. 서울: 예루살렘.
박태식(2000). 나자렛예수: 예수의 생애와 사상. 서울: 바오로딸.
서중석(1992). 예수. 서울: 동아출판사.
샌더스, E.P.(2008). 예수와 유대교. 황종구 역. 서울: 크리스천다이제스트.
안병무(1993). 갈릴래아와 예수. 서울: 한길사.
안진호(2006). 예수와 신약. 서울: 총신대학교출판부.
이영호(2006). 마태복음서연구. 서울: 청목출판사.
바클레이, W.(1980). 나사렛 예수의 일생. 서울: 복음진리사.
예레미아스, J.(1974). 예수의 비유. 칠곡: 분도출판사.
조철수(2002). 유대교와 예수. 강릉: 길.
Duquesne, J.(2002). 예수. 김현주 역. 서울: 바오로의 딸.
Karl, A.(2008). 예수그리스도. 정처묵 역. 서울: 카톨릭출판사.
Renan, J.E.(1979). 예수의 생애. 최명관 역. 서울: 전망사.
Williston, W.(1997). 기독교회사. 송인설 역. 서울: 크리스챤다이제스트.

예수의 형상 – 런던 핀칠리 한인교회
http://cafe.naver.com/lfkchurch/124

제 12 장

서양의 리더 바울

생각의 시간 ·· 유대교의 12지파와 바울

유대교(Judaism)는 이스라엘 나라에서 하나님을 믿는 민족종교이다. 보통 유대교라고 말하면 이스라엘의 바빌론 포로(B.C.586~B.C.536) 이후 모세의 율법을 근본으로 하여 발달한 유대인의 고유 종교를 말한다. 기독교와 다르게 유대교는 좀 더 율법적이라 할 수 있는데, 하나님이 특별하게 이스라엘을 선택한 선민사상을 배경으로 하고 있다. 유대교에는 12지파가 있는데, 이것은 구약성서의 배경이 뿌리가 되고 있다. 「창세기」 6장에 보면 하나님이 세상과 인간을 창조한 후 하나님이 보시기에 세상은 점점 타락의 길로 접어들었다. 하나님이 의인 한 명을 발견하셨는데, 그의 이름은 노아다. 노아의 방주 사건 이후 그의 3명의 아들인 셈, 함, 야벳 중 셈의 계보를 통하여 「창세기」 11장에 이스라엘의 신앙의 뿌리격인 아브라함이 등장한다. 「창세기」 12장에 하나님은 아브라함에게 그의 고향인 갈대아우르(메소포타미아와 티그리스강 유역)를 떠나 가나안 땅(이스라엘 지역)으로 가서 큰 민족을 이루겠다고 약속하신다. 그러나 아

브라함은 그의 아내인 사라가 잉태치 못하므로 그녀의 여종인 이집트 사람 하갈을 통하여 자신의 대를 이으려고 한다. 하갈이 낳은 자녀는 이스마엘로 지금의 이슬람교의 뿌리가 되었다. 이후 사라는 잉태하게 되었고 이삭을 낳게 된다. 그리고 이삭의 아들 야곱의 12아들(르우벤, 시므온, 레위, 유다, 잇사갈, 스불론, 갓, 아셀, 단, 납달리, 요셉, 베냐민)의 이름을 따서 이스라엘의 12지파가 형성이 되었다. 바울은 순수한 유대교 혈통에서 태어났으며 12지파 중 베냐민 지파였다.

예수운동을 통하여 초대기독교(Catholic)를 정착한 바울은 정통 유대교 12지파 태생이었다. 그러나 그가 회심 이후 하나님 앞에 모든 인간들은 하나님의 은총이 필요한 나약한 존재일 뿐이며, 하나님을 믿는 신앙 외의 권력과 재물 그리고 명성은 아무 소용이 없다는 것을 이야기하며 예수가 가르쳐 준 교훈을 따르는 아가페의 삶이야말로 가장 가치 있는 것임을 역설한다. 이러한 부분은 현대사회 속에서 자신들이 가지고 있는 조금의 권력과 재물에 의지하며 자기보다 못가진 사람들과 약자들에게 배려해 주지 못하는 모습에 경종을 울리게 한다.

바울의 생애

1. 바울의 일생

바울은 예수와 거의 같은 무렵 소아시아 길리기아의 수도 다소에서 정통 유대교 혈통으로 태어났다. 바울의 본명은 히브리어로 사울여호와께 구하다이며, 바울은 로마식 이름으로 그 의미는 작은 자 혹은 작음이란 뜻을 가지고 있다. 혈통적으로는 아브라함의 증손자이며 야곱의 아들 중 12번째로 막내인 베냐민 지파 출신으로 순수 히브리인이다. 그는 태어난 지 8일 만에 유대교 관습인 남아에게 행하는 할례를 받았으며, 출생부터 로마 시민권자였다고 한다. 그의 부모들은 유대교 신앙에 상당히 심취했던 사람들이며 유능한 사람들로 경제적으로도 부유했던 것으로 보인다. 그렇기에 그를 멀리 예루살렘까지 유학을 보낼 수 있었다. 사실은 그 당시 보통 유학을 가던 곳은 알렉산드리아와 같은 유명한 도시이다. 그런데 그가 예루살렘으로 유학을 갔다는 것은 그의 부모가 유대교 신앙을 철저히 신봉하였다는 것을 말해 준다. 그가 예수를 만나 회심하기 전에는 모세의 율법에 열심이었던 자로서, 당대 최고 학자인 가말리엘 문하에서 공부를 했다. 가말리엘은 그 당시 유대교 최고의 학자였으며, 바울은 그에게서 구약 율법을 수학하였다. 그의 이와 같은 학문의 열정은 유대교 율법에 대해 엄격하게 교육을 받게 되었고, 바리새인으로 하나님께 열심이었으며, 유대교를 신봉한 광적인 신자가 되었다. 「사도행전」을 보면 스데반의 재판에도 입회하여 증인 역할을 했으며, 스데반의 처형을 마땅한 것으로 여길 정도로 모세 오경과 율법에 심취해 있었고, 예수를 따르는 사람들과는 서로 좋지 않은 관계에 있었다.

그는 평생 동안 결혼하지 않았으며 유대인들의 최고 의결 통치기관인 산헤드린 공회의 공회원이었다고 한다. 이러한 혈기 왕성한 청년 바울은 유대교 내에서 실력과 야망을 겸비한 30세 전후의 젊은 지도층 인사로 촉망받으며, 예수를 따르는 사람들과 예수의 제자들을 박해하는 데 앞장섰다. 그는 예루살렘 교회를 핍박하고 거기에 그치지 않고 예수를 따르던 무리들을 체포하기 위하여 대제사장의 공문을 가지고 다메섹으로 가던 도중 밝은 대낮에 노상에서 부활한 예수를 만나게 되고 회심回心을 하게 된다. 그 후 그는 다메섹에서 예수의 제자인 아나니아를 만나 세례Baptism를 받고 성령Holy Spirit의 충만함을 받아 시력을 회복하게 된다. 그 후 그는 이름을 사울에서 바울로 개명을 하고, 이방인들을 위한 사도Apostle로서 사명을 부여받는다. 그리고 다메섹에서 예수가 전했던 복음을 전하게 되는데, 그것을 보았던 유대인들은 그를 핍박하게 되고 그는 그곳을 탈출하게 된다. 그 후에 아라비아로 가서 3년 동안 신앙훈련을 받게 된다. 그는 예루살렘으로 올라가서 베드로와 주의 형제 야고보를 만났고, 바나바의 요청을 받아 안디옥 교회에서 공동으로 교회를 사역하게 된다. 그는 바나바, 마가와 더불어 안디옥 교회로부터 선교사로 파송 받아 1차 선교여행에 나선다. 그는 천막 만드는 일을 생업으로 하며 자비량 선교에 힘쓰게 된다.

그가 2차 3차 선교 여행을 한 후에 예루살렘으로 귀환하였을 때 유대인들에게 체포되어 로마에서 옥중 생활을 하게 된다. 전승에 의하면 이후에 바울은 서바나스페인까지 가서 선교했다고 전해진다. 바울은 A.D. 64년경 로마 대화재로 인한 네로의 초대기독교인 박해가 극에 달한 때에 재차 체포되어, A.D. 67년경 로마 인근 오스티안 가도에서 순교당한 것으로 전해진다. 그의 대표적인 저서로는 『신약성서』 13개의 서신으로 「데살로니가전후서」, 「갈라디아서」, 「고린도전후서」, 「로마서」, 「빌립보서」, 「빌레몬서」, 「골로새서」, 「에베소서」,

「디모데전후서」, 「디도서」 등이 있다.

2. 바울의 회심

가말리엘 문하생으로 유대인의 율법에 능통했던 바울은 출세가도를 달렸다. 그에게 있어서 예수를 따르는 무리를 잡거나 죽이거나 하는 일은 자신의 출세를 위해서 아무런 문제가 되지 않았다. 그러나 바울은 예수를 따르는 무리를 잡기 위해 다메섹 도상에서 신비한 일을 경험한다. 하늘로부터 왜 나를 핍박하느냐는 소리를 듣게 되었다. 이 일이 있은 후 바울은 자신의 행동이 잘못되었고 더 나아가 하나님을 위한 큰 그릇이 된다는 것을 알게 된다. 이 사건 이후 그의 눈에는 비늘 같은 것이 끼어서 앞을 볼 수 가 없었다. 그는 하나님을 경험하게 되고 회심을 하게 된다. 회심하기 전에는 촉망받던 유대교의 지도자였지만 회심 후에는 정반대의 상황이 되었다. 그는 눈에 비늘이 끼인 후 다메섹으로 들어가게 된다. 그곳에서 아나니아를 만나서 눈을 뜨게 되고 다메섹을 탈출하여 아라비아로 가게 된다. 아라비아의 위치는 정확히 알 수 는 없지만 시내산일 것이라고 추측을 한다. 시내산은 이스라엘의 선지자 모세가 하나님으로부터 십계명을 받았던 곳이며, 많은 선지자들과 연관이 있었던 곳으로 매우 중요한 의미를 가지고 있다. 이곳에서 바울은 기독교의 교리를 전파하기 위해 특별한 시간을 가지게 된다.

관계된 글과 그림

산헤드린(Sanhedrin) 공의회 바울이 속해 있었던 산헤드린은 고대 유대의 최고 정치 의결기관이다. 산헤드린의 의미는 "함께 둘러앉는다"는 뜻을 가지고 있다. 이 공의회는 종교적 그리고 사법적으로 재판할 수 있는 권리를 가지고 있다. 산헤드린의 기원을 알아보면 구약「민수기」11장 4절에서 모세가 장로 70명을 뽑은 것에 그 기원을 두고 있으며, B.C. 3세기경에 장로들이 중심이 되는 귀족 회의를 통하여 정착이 되었다. 산헤드린은 71명의 회원으로 구성되어 있고, 대제사장이 의장이며 관원과 장로와 서기관으로 구성되어 있다. 산헤드린은 이스라엘 사람들의 종교적인 문제에 대한 것을 모두 다루었고, 백성들의 민사에 대한 일들을 관여했지만 사형집행권은 없었다고 한다. 산헤드린은 알렉산더대왕 때 유력한 장군으로 셀류쿠스B.C. 355~280 왕조의 창시자 치하에 생긴 것으로 보고 있으며 A.D. 70년 경에 폐지되었다.

▸ **바울**

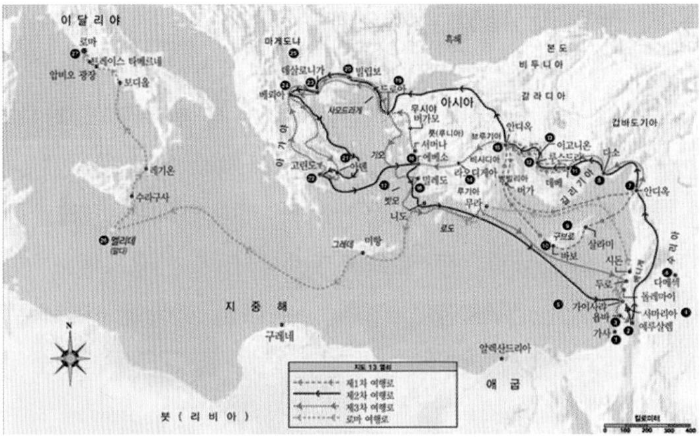

▸ **사도 바울의 선교 여행**

바울의 전도여행 다메섹도상에서 회심을 경험한 바울은 아라비아에 가서 시간을 가진 후 초대기독교를 세우기 위한 4차례의 전도여행을 떠나게 된다.

1차 전도여행 47~48년「갈라디아서」집필, 안디옥과 예루살렘을 세 번째 가게 되며, 예루살렘 공의회에 참석한다.
2차 전도여행 50~52년「데살로니가전후서」집필, 고린도사역을 중심으로 하였고, 네 번째 예루살렘을 방문하였다.
3차 전도여행 52~57년「고린도전후서」및「로마서」,「빌립보서」집필, 에베소와 마케도니아, 일루리곤, 아가야 중심사역, 다섯 번째 예루살렘을 방문하였다.
로마여행 59~62년「골로새서,「빌레몬서」,「에베소서」,「디모데전후서」,「디도서」,「히브리서」집필하였다.
68년경 순교당했다.

바울의 철학과 사상

바울은 예수와 비슷한 시기에 태어나서 활동했고, 학문적으로 많은 양의 공부를 했던 것으로 보인다. 특별히 바리새파였던 가말리엘은 그 당시 학식과 덕망이 높았는데, 바울은 유대인 베냐민 지파 출신으로 그의 문하로 들어가 배우면서 율법에 능통했고, 또한 그 당시 정치·경제적으로 좋은 집안 출신이며 로마의 시민권을 가질 정도로 상당한 권력층에 있었다. 특히 그가 저술한 것으로 알려진 『신약성서』 13권의 책의 내용은 그의 철학과 사상을 알게 하기에 충분하다. 예수의 죽음으로 흩어진 교회 성도들을 예수가 남겨주었던 교훈을 통하여 초대기독교로 하나가 될 수 있도록 해주었던 그는 가장 위대한 지도자 중의 한 사람으로 남아 있다.

1. 예수의 죽음과 부활

바울은 예수가 형성했던 초대기독교의 최대의 전도자였고, 또한 최고의 신학자였다. 바울을 통하여 기독교의 사상과 교리가 만들어졌고, 『신약성서』의 중요부분을 저작했으며 그것이 지금까지 우리들에게 전해져 내려왔다. 바울은 기독교에서 가장 중추적 인물이며 후세에 끼친 영향은 헤아릴 수가 없는데, 특히 『신약성서』 서신 속에 나타난 그의 사상은 예수 그리스도의 죽음과 부활의 신비를 중심으로 하고 있다. 기독교에서 예수의 십자가 죽음이란 비록 그가 하나님의 아들이지만 인간의 몸을 입고 이 땅에 내려와 죽기까지 하나님의 명령을 이행하였다는 것을 의미한다. 또한 부활이란 하나님이 십자가에서 죽은 예수의 영혼을 새롭게 살게 하여 이 땅의 사망권세를 파하고 인간에게 생명을 얻게 하였다는 것이다. 그러므로 기독교가 의미하는 제자의 길이란 예수 그리스도가 걸었던 삶을 따라가며 그의 십자가의 죽음의 의미를 되새기며 살아야 하며 그의 부활을 경험하며 새로운 인간으로 태어나 평생 동안 몸소 예수가 가르쳐준 교훈을 실천하는 것이다.

2. 유대 묵시문학의 확장

바울은 유대교에 존재해 있었던 묵시문학을 이어받아 예수의 행적을 종말의 계시로 받아들였다. 묵시문학이란 고대 유대교 내에 존재했던 종말사상을 말한다. 이것은 유대인들의 포로기 시대에 생겨난 것으로 이 세상의 종말이 오고 새로운 세상이 도래할 것이라는 사상이다. 그는 종말 사상을 확장하여 예수가 전해주었던 신앙과 병합하여 초대기독교 사상을 정립한다. 기독교 신앙은 인간에게 처음부터 존재하였던 가능성이 아니라, 종말이 되어서 비로소 열릴 가능성이며, 종말은 먼 훗날 일어나는 것이 아니라 가까운 장래에 일어날 것을 기대하였다. 그래서 그는 종말까지는 인간은 불완전하다고 생각하여, 신앙을 가지고 살아가면서 예수가 가르쳐 주었던 사랑아가페을 실천해야 종말의 때에 완전의 가능성이 열린다고 하였다.

3. 율법의 확장

예수는 유대교의 율법을 폐지하려고 했던 것이 아니라 사랑아가페이라는 율법의 근본정신을 깨닫지 못하고 단지 율법주의자로 전락하고 말았던 그 당시 유대 지도자들에 대해서 경고하고 있다. 이와 맥을 같이 했던 바울도 베드로가 행했던 유대교의 식사계율을 엄격하게 준수했던 것과 예수의 동생 야고보가 행했던 모세의 법대로 할례를 행해야 구원이 있다는 것에 대해서 그 율법의 범위를 확장시킨다. 그는 예수를 따르는 것은 유대교 전통의 연결고리가 있지만 율법의 계명을 확장하여 사람이 율법의 행위보다는 믿음으로써 의롭게 된다는 이신득의以信得義로 알려진 의로움의 사상을 전개한다.

4. 바울의 저작들

기독교를 신앙한다는 것은 예수가 살았던 삶을 따라가는 것이다. 그가 전해준 교훈과 사상 그리고 거룩함과 의로움을 위하여 애를 쓰며 살아가는 것이다. 또한 예수가 걸어갔던 완전함과 성인됨을 따르는 것이다. 그렇기에 그와 함께 동행하는 삶에서 행해야 할 윤리 도덕적인 것들이 있는데, 바울은 그의 저서 곳곳에서 이것들을 나열하고 있다. 중요서신을 열거하면 다음과 같다.

❶「갈라디아서」 일반적으로 『신약성서』의 책들의 순서는 바울서신이 가장 먼저 기록된 것으로 알려져 있다. 그 중에서 「갈라디아

서」가 『신약성서』 중에서 가장 먼저 기록된 책으로 알려져 있다. 이 서신에는 여러 가지 중요한 사상을 내포하고 있지만 가장 중요한 것은 율법을 통하여 의義를 얻는 것이 아니라 믿음으로 의義를 얻는 것이라는 이신득의以信得義사상을 말한다.

■ 사람이 의롭게 되는 것은 율법의 행위로 말미암음이 아니요 오직 예수 그리스도를 믿음으로 말미암는 줄 알므로 우리도 그리스도 예수를 믿나니 이는 우리가 율법의 행위로써가 아니고 그리스도를 믿음으로써 의롭다 함을 얻으려 함이라 율법의 행위로써는 의롭다 함을 얻을 육체가 없느니라 (갈 2: 16) ■

그는 『구약성서』 「하박국」 2장 4절을 인용하여 율법의 행위를 통하여 의로움을 얻는 것이 아님을 말한다. 즉 인간은 율법의 행위를 통하여 하나님 앞에서 의롭다 함을 받을 수 없으며, 믿음을 통하여만 가능하다는 것을 말한다. 또한 그는 기독교인들의 윤리적인 삶의 지침에 대해서 다음과 같이 말한다.

■ 내가 이르노니 너희는 성령을 따라 행하라 그리하면 육체의 욕심을 이루지 아니하리라 육체의 소욕은 성령을 거스르고 성령은 육체를 거스르나니 이 둘이 서로 대적함으로 너희가 원하는 것을 하지 못하게 하려 함이니라 (갈 5: 17~18) ■

성령이 다스리는 삶이란 하나님이 태초에 주신 하나님의 형상과 성품대로 사는 것이다. 계속해서 그는 성령의 삶과 대비되는 육체의 삶의 모습에 대해서 다음과 같이 이야기한다.

▪ 육체의 일은 분명하니 곧 음행과 더러운 것과 호색과 우상 숭배와 주술과 원수 맺는 것과 분쟁과 시기와 분 냄과 당 짓는 것과 분열함과 이단과 투기와 술 취함과 방탕함과 또 그와 같은 것들이라
(갈 5: 19~21) ▪

그는 육체를 위한 것과 그와 대비되는 성령의 삶을 말하면서 다음과 같이 갈라디아교회 교인들을 권면하고 있다.

▪ "오직 성령의 열매는 사랑과 희락과 화평과 오래 참음과 자비와 양선과 충성과 온유와 절제니 이같은 것을 금지할 법이 없느니라"
(갈 5: 22~23) ▪

바울은 예수를 따르는 제자의 삶이란 성령의 열매로 살아가는 것임을 말하는데 이러한 삶이란 타인을 위하여 아가페의 사랑으로 자신의 욕심을 죽이는 진정한 성인의 길이다.

❷「데살로니가 전, 후서」 「데살로니가 전서」 1장 1절에 보면 이 서신을 바울이 혼자서 쓴 것이 아니라 실루아노와 디모데와 공동으로 썼다고 나온다. 이것으로부터 「데살로니가 전서」는 개인적인 서신이 아니라 공적인 서신임을 알 수 있다. 「데살로니가 전, 후서」에서 나오는 교회의 문제들은 여러 가지가 있지만 예수 재림에 대한 것이 가장 커다란 것이었다. 데살로니가교회 교인들인 예수의 재림

이 임박했다고 생각하면서 게으르고 방탕한 모습을 보이게 된다. 바울은 이러한 것은 교회 안과 밖에 있는 사람들 모두에게 좋은 모습이 아니었기에 다음과 같이 권면하고 있다.

> ■ 형제들아 때와 시기에 관하여는 너희에게 쓸 것이 없음은 주의 날이 밤에 도둑 같이 이를 줄을 너희 자신이 자세히 알기 때문이라 그들이 평안하다, 안전하다 할 그 때에 임신한 여자에게 해산의 고통이 이름과 같이 멸망이 갑자기 그들에게 이르리니 결코 피하지 못하리라 형제들아 너희는 어둠에 있지 아니하매 그 날이 도둑 같이 너희에게 임하지 못하리니 너희는 다 빛의 아들이요 낮의 아들이라 우리가 밤이나 어둠에 속하지 아니하나니 그러므로 우리는 다른 이들과 같이 자지 말고 오직 깨어 정신을 차릴지라 자는 자들은 밤에 자고 취하는 자들은 밤에 취하되 우리는 낮에 속하였으니 정신을 차리고 믿음과 사랑의 호심경을 붙이고 구원의 소망의 투구를 쓰자 (살전 5: 1~9) ■

만일 내일 지구의 종말이 온다면 무엇을 하겠는가? 데살로니가 교회 교인들처럼 방탕하게 살겠는가? 스피노자가 이야기한 것처럼 일상처럼 한 그루의 사과나무를 심으며 맞이하겠는가? 그렇기에 지구의 종말을 이야기하는 사람들에게 바울의 권면은 우리들에게 큰 경종으로 다가온다.

바울은 예수의 재림을 대비하면서 항상 기뻐하고 쉬지 말고 기도하며 범사에 기도하라고 이야기하면서, 이것이 너희를 향한 하나님의 뜻임을 강조하게 된다. 그리고 그는 5장 12~28절에 "항상 기뻐하고 쉬지 말고 기도하고 범사에 감사하라"고 권면한다.

감사를 느끼며 살아간다는 것은 바울이 살았던 시대뿐만 아니라 현대를 사는 우리에게도 많은 의미를 가져다주며 비록 많이 가지고 있지만 그것을 느끼지 못하고 감사할 줄 모르는 가진 자들 및 평범한 우리들에게도 상당한 교훈이 된다.

❸ **「고린도전서」** 고린도교회 안에서 스스로 지혜 있다고 교만히 여기는 자들에 의해서 파벌이 형성되자 그것에 대해서 경계의 말을 전하고 있다. 그는 이러한 지혜 있는 자에 대해서 경고를 하게 된다.

> ■ 십자가의 도가 멸망하는 자들에게는 미련한 것이요 구원을 받는 우리에게는 하나님의 능력이라 기록된바 내가 지혜 있는 자들의 지혜를 멸하고 총명한 자들의 총명을 폐하리라 하였으니 지혜 있는 자가 어디 있느냐 선비가 어디 있느냐 이 세대에 변론가가 어디 있느냐 하나님께서 이 세상의 지혜를 미련하게 하신 것이 아니냐 하나님의 지혜에 있어서는 이 세상이 자기 지혜로 하나님을 알지 못하므로 하나님께서 전도의 미련한 것으로 믿는 자들을 구원하시기를 기뻐하셨도다 (고전 1 :18~21) ■

하나님 앞에 지혜 있는 인간이란 헛된 것이며 파벌을 형성하는 것에 대한 일침을 놓게 된다. 더 나아가 바울은 고린도전서 13장에서 여러 가지 은사가 있을 수 있지만 공동체인 교회를 위하여 서로 화목하며 하나를 이루는 것이 가장 아름답다는 것을 말한다. 모든 은사 중에서 가장 최고의 은사가 남을 배려해주며 공동체를 세우는 사랑아가페이 제일이라는 것을 거듭 강조한다. 그는 고전 13장 13절에 "그런즉 믿음, 소망, 사랑 이 세 가지는 항상 있을 것인데 그 중에 제일은 사랑이다"고 말한다.

현대 사회를 살아가는 우리들에게는 성공을 위하여 파당과 파벌을 만드는 일이란 그리 어렵지 않다. 이러한 분리주의는 공동체를 파괴하는 일임을 우리는 잘 알고 있다. 바울이 언급한 배려의 행동이란 무질서와 혼돈의 사회 속에서 꼭 필요한 일이며 예수가 가르쳐준 사랑이란 배려의 첫 걸음이며 공동체를 세우는 밑거름이다.

❹「고린도후서」 바울은 앞서 보냈던 「고린도전서」를 통하여 여러 가지 변화가 있었던 고린도교회에 대해서 위로와 감사 더불어 거짓 교사들과 그들을 따르는 분리주의자들에 대해 경고의 편지를 보내게 된다. 특히 거짓 무리들로부터 나올 것에 대해 엄중히 경고하고 있다. 이 세상은 각각 다른 형편에 놓여 있는 사람들이 있다. 많이 배운 자들 혹은 적게 배운 사람들, 부요한 사람들이나 가난한 자들, 건강한 자들이나 병약한 사람들이 있다. 그러나 사도바울은 서로 간에 다른 부분은 하나님 앞에서 아무런 자랑거리나 열등거리가 될 수 없다는 것을 말해 준다. 특히 고린도교회에서는 성도들 간의 법정소송, 혼인문제 우상제물과 부활의 문제 서로간의 받은 은사에 대한 문제와 함께 제기된 거짓교사에 대한 것이 대두되었다.

■ 그런 사람들은 거짓 사도요 속이는 일꾼이니 자기를 그리스도의 사도로 가장하는 자들이니라 이것은 이상한 일이 아니니라 사탄도 자기를 광명의 천사로 가장하나니 그러므로 사탄의 일꾼들도 자기를 의의 일꾼으로 가장하는 것이 또한 대단한 일이 아니니라 그들의 마지막은 그 행위대로 되리라 (고후 11: 13~15) ■

사도 바울은 서로간의 분쟁을 조장하는 거짓교사에 흔들리지 말아야 함을 말하며, 그들은 자신들의 행위로 보응을 받을 것이라고 말한다.

❺「로마서」 바울은 로마서를 통하여 기독교의 교리를 일목요연하게 설명하고 있다. 그는 하나님 앞에 선 인간은 모두 의인이 될 수 없음을 선포한다.

▪ 그러면 어떠하냐 우리는 나으냐 결코 아니라 유대인이나 헬라인이나 다 죄 아래에 있다고 우리가 이미 선언하였느니라 기록된 바 의인은 없나니 하나도 없으며 깨닫는 자도 없고 하나님을 찾는 자도 없고 다 치우쳐 함께 무익하게 되고 선을 행하는 자는 없나니 하나도 없도다
(롬 3: 9~12). ▪

그리고 인간이 하나님을 만나는 것이 믿음을 통하여 가능하며 구원eternal life을 이루는 것 또한 예수가 가르쳐준 교훈과 그 삶을 믿고 따를 때 얻을 수 있다는 기독교 교리의 정수를 말해준다.

▪ 모든 사람이 죄를 범하였으매 하나님의 영광에 이르지 못하더니 그리스도 예수 안에 있는 속량으로 말미암아 하나님의 은혜로 값없이 의롭다 하심을 얻은 자 되었느니라 이 예수를 하나님이 그의 피로써 믿음으로 말미암는 화목제물로 세우셨으니 이는 하나님께서 길이 참으시는 중에 전에 지은 죄를 간과하심으로 자기의 의로우심을 나타내려 하심이니 곧 이 때에 자기의 의로우심을 나타내사 자기도 의로우시며 또한 예수 믿는 자를 의롭다 하려 하심이라 그런즉 자랑할 데가 어디냐 있을 수가 없느

니라 무슨 법으로냐 행위로냐 아니라 오직 믿음의 법으로니라 그러므로 사람이 의롭다 하심을 얻는 것은 율법의 행위에 있지 않고 믿음으로 되는 줄 우리가 인정하노라 (롬 3: 23~28) ▪

이 구절들은 유대교의 율법을 정면으로 부정하는 것이다. 유대교에서는 하나님이 모세에게 준 십계명 및 세부율법을 잘 따라야 구원에 이를 수 있다. 이러한 모습은 『신약성서』의 여러 곳에서 나온다. 십일조의 헌금을 내는 것에도 유대인들은 정확히 세어 십일조를 드렸는데 그 이유가 율법을 꼭 지켜야만 구원을 받을 수 있다고 믿었기 때문이다.

또한 안식일은 쉬어야 하기에 죽어가는 사람이 있어도 구해주지 않았다. 그 이유는 다른 사람들을 구해주는 행위가 안식일의 의미를 반하기 때문이다.

그러나 바울은 행위가 아니라 하나님이 예수를 화목제물로 세운 것을 믿을 때에 구원이 있다는 것을 말한다.

❻ 「**빌립보서**」 이 서신은 사도바울이 가이사랴 감옥에 있을 때 빌립보 교인들에게 위로하는 내용이다. 바울은 이 세상에서 최고의 권세와 명예를 누렸지만 회심 후에 모든 것이 초대기독교를 세우는 일에 그의 모든 인생을 걸고 그렇게 살았다. 이러한 그의 삶의 고백을 그는 다음과 같이 말한다.

▪ 그러나 무엇이든지 내게 유익하던 것을 내가 그리스도를 위하여 다 해로 여길 뿐더러 또한 모든 것을 해로 여김은 내 주 그리스도 예수를

아는 지식이 가장 고상하기 때문이라 내가 그를 위하여 모든 것을 잃어 버리고 배설물로 여김은 그리스도를 얻고 그 안에서 발견되려 함이니 내가 가진 의는 율법에서 난 것이 아니요 오직 그리스도를 믿음으로 말미암은 것이니 곧 믿음으로 하나님께로부터 난 의라 (빌 3: 7~9) ▪

이렇게 자신의 모든 것을 버린 바울은 빌립보교인들에게 어려움과 난관이 있지만 기쁨을 가지고 끊임없이 그리스도의 완전을 향하여 달려가라고 권면하고 있다.

▪ 주 안에서 항상 기뻐하라 내가 다시 말하노니 기뻐하라 너희 관용을 모든 사람에게 알게 하라 주께서 가까우시니라 아무것도 염려하지 말고 다만 모든 일에 기도와 간구로, 너희 구할 것을 감사함으로 하나님께 아뢰라 그리하면 모든 지각에 뛰어난 하나님의 평강이 그리스도 예수 안에서 너희 마음과 생각을 지키시리라 (빌 4: 3~7) ▪

사실 그 당시 예수를 믿고 따르는 초대기독교의 예배를 드리는 일은 그리 쉬운 일이 아니었다. 로마의 종교적인 핍박은 극에 달했기 때문에 목숨을 내어놓고 모여 예배를 드려야 하는 상황이었다. 그렇기에 바울은 계속해서 빌립보교인들을 격려하며 신앙을 잃지 말기를 권면한다.

바울의 리더십

사도바울은 예수가 기독교 운동을 시작하고 미완성으로 끝났던 초대기독교 사상을 더욱 심화시키며, 정통 유대교와는 다른 교리를 확립시킨 훌륭한 신학자이다. 특히 그가 기독교 교리를 확립하며, 3차에 걸친 전도여행을 하면서 보여준 성자로서의 살신성인의 파급효과는 아무리 이야기해도 지나치지 않으며 역사상 최고의 지도자 중의 한 사람이었다. 그의 훌륭한 지도력으로 우리들에게 알려준 교훈은 기독교뿐만이 아니라 현대를 사는 우리들에게 많은 영향력을 주고 있다.

1. 권위의 리더십

바울은 자신이 무리들을 이끌고 예수를 믿는 무리들을 체포하기 위하여 다메섹으로 가는 도상에서 부활한 예수를 만나는 신비한 체험을 하게 된다. 그 후에 바울은 회심하여 많은 수련을 통하여 스스로 깨달음을 얻게 된다. 이후에 바울은 지중해 연안에 있는 초대교회들을 방문하면서 예수가 허락한 권위를 가지고 지역교회들의 약하고 부족한 부분을 권면하게 된다. 어떤 사람들은 바울의 태생과 활동했던 전력 때문에 그 권위에 의심을 품기도 했다. 그러나 그는 자신의 권위가 하늘로부터 왔음을 확신하고 많은 무리들을 지도하였다. 바울의 확신 있는 행동으로부터 배워야 하는 것은 지도자는 권위를 가져야 하고 그 권위는 스스로 부단한 노력을 통하여 이루어지는 것이다. 바울은 자신이 스스로 권위를 얻기 위해 옥에도 투옥되며 자신의 생명을 다하여 사역을 했던 것은 오늘날 현대인들의 지도자가 자신의 어떠한 면을 버리고 어떠한 것을 공동체를 위해서 행해야 하는지를 잘 가르쳐준다.

2. 감사의 리더십

바울은 많은 지역교회들로 전도여행을 한 후에 감옥에 오랫동안 갇히게 된다. 그러나 감옥에서도 서신을 통하여 어려운 교회에게 전달하여 그 성도들에게 부탁했던 것은 기뻐하며 감사하라는 말이었다. 비록 바울은 감옥에 있으며 생명이 위태롭지만 그것에 굴복하지 않고 오히려 그 환경에서 감사와 기쁨의 삶을 살았던 위대한 성자였다. 그는 자신이 죽음의 위협을 당했지만 오히려 여러 교회에서 어려움과 문제에 처한 성도들에게 낙심하지 말며 감사하고 기뻐할 것을 강조한다. 이러한 모습은 현대의 지도자들에게 꼭 있어야 할 중요한 요소이며, 이러한 기뻐하며 감사하는 마음이란 사람들에게 큰 감동을 주며 기적을 일으킬 수 있는 지도력이다.

학습문제

01 바울은 유대교의 12지파 중 어떤 지파였나?

① 베냐민 ② 레위 ③ 유다 ④ 아셀

02 바울의 원래 이름은 무엇인가?

① 요셉 ② 사울 ③ 길리기아 ④ 레위

03 바울의 사상이 아닌 것은?

① 십자가 ② 의로움 ③ 방종 ④ 선한 일

04 바울의 저작이 아닌 것은?

①「로마서」 ②「사도행전」 ③「골로새서」 ④「디도서」

05 「민수기」 11장 4절에서 모세가 장로 70명을 뽑은 데에 그 기원을 두고 있는 유대교 최고의결기관은 무엇인가?

① 산헤드린 ② 유대종교의회

③ 로마의회 ④ 예루살렘의회

06 바울이 회심 후 전도여행은 몇 번으로 이루어졌나?

① 1차 ② 2차 ③ 3차 ④ 4차

학습문제

07 이신득의 사상이 들어있는 책은?

① 「로마서」 ② 「사도행전」 ③ 「골로새서」 ④ 「디도서」

08 바울이라는 이름의 뜻은?

① 큰 자 ② 작은 자 ③ 훌륭한 자 ④ 성자

09 바울이 순교당한 연도는?

① B.C. 50년 ② B.C. 100년 ③ A.D. 68년 ④ A.D. 150년

10 바울의 리더십 중 잘못된 것은?

① 감사 ② 권위 ③ 기쁨 ④ 시기

참고문헌

김세윤(2001). **예수와 바울**. 서울: 두란노출판사.

김철용(2007). **추척! 사도 바울의 16년**. 서울: 쿰란출판사.

문동환(2015). **예수냐 바울이냐**. 서울: 삼인.

메첸, 그레샴(1979). **바울의 신학**. 김남식 역. 서울: 성운출판사.

박현욱(2005). **바울의 생애와 신학**. 서울: 대한기독교서회.

브루스, F.F.(1992). **바울**. 박문재 역. 서울: 크리스찬다이제스트.

서중석(1998). **바울서신해석**. 서울: 대한기독교서회.

이광호(2007). **바울의 생애와 바울서신**. 서울: 도서출판 깔뱅.

장상(1996). **바울의 역사의식과 복음**. 서울: 이화여자대학교 출판부.

차정식(2005). **바울신학 탐구**. 서울: 대한기독교서회.

Bornkamm, G.(1978). **바울: 그의 생애와 사상**. 허혁 역. 서울: 이화여자대학교 출판부.

Drane, J.W.(1996). **바울**. 이중수 역. 서울: 두란노서원.

Gnilka, J.(2008). **바울로: 사도요 증인**. 이종한 역. 칠곡: 분도출판사.

Goodspeed, E.J.(1993). **바울**. 조성헌 역. 서울: 다산글방.

Haughton, R.(1982). **바울과 그의 편지들**. 이현주 역. 서울: 대한기독교출판사.

Horsley, R.A.(2007). **바울과 로마제국**. 홍성철 역. 서울: 기독교문서선교회.

Meyer, F.B.(1983). **사도바울: 예수 그리스도의 종**. 서보섭 역. 서울: 기독교문서선교회.

Pollock, J.C.(2009). **사도바울**. 홍종락 역. 서울: 홍성사.

Sanders, J.O.(1987). **지도자 바울**. 네비게이토출판사 역. 서울: 네비게이토출판사.

Barclay, W.(1989). **바울의 생애와 선교**. 이희숙 역. 서울: 종로서적.

바울의 선교여행 지도 – 예수그리스도 후기성도교회
https://www.lds.org/languages/kor?lang=kor

제 13 장

서양의 리더 토마스 아퀴나스

생각의 시간 ………… 십자군 전쟁

중세에는 카톨릭(Roman Catholic) 순례 의식을 중요시하였는데, 그 목적은 성지를 참배하고 영혼의 자유를 얻기 위하여 행해졌다. 많은 순례지 가운데 가장 중요한 곳은 예수의 무덤이 있는 예루살렘이었다. 11세기 아라비아인을 내몰고 팔레스타인을 다스리게 된 셀주크 투르크는 이슬람교를 열렬하게 믿었다. 그는 카톨릭 신자들을 적으로 생각하여 카톨릭 순례자들을 학대하였다. 이러한 카톨릭 순례자들에 대한 학대에 대해서 서유럽 사람들은 이슬람교가 차지하고 있었던 예루살렘 지역을 탈환해야 한다고 생각하게 되었다. 1095년에 우르반 2세는 비잔틴 제국의 알렉시우스 1세로부터 구원을 요청하게 된다. 그 요청은 카톨릭의 성지 예루살렘을 탈환하여, 투르크의 위협으로부터 제국을 지켜 달라는 것이었다. 그리하여 예루살렘 성지 회복을 위해 싸울 것을 맹세하여 편성된 군대는 복장과 깃발에 십자가 표지를 붙였고 이것으로 인하여 십자군이라고 불리게 되었다. 1096년부터 1272년까지 근 200년 동안에 모두 8

차에 걸쳐서 파견되었다. 십자군의 제1차 파견 때는 상당한 성공을 거두었지만, 그것을 제외하고 대부분 실패로 끝이 났다. 십자군 전쟁의 실패로 로마 가톨릭 교회를 중심으로 한 중세는 점점 더 몰락의 길로 가게 되었다.

A.D. 379년 로마 황제 데오도시우스는 그 당시 지중해 연안의 산재했던 초대기독교를 국교화 하여 로마의 종교로 선포 했다. 이후부터 기독교의 원형이었던 Catholic은 정치와 종교가 합쳐진 Roman Catholic으로 변하여 순수했던 신앙이 점점 어둠의 길로 접어들었다.

종교란 개인적이며 신비한 체험을 통하여 그 종교의 신과 만남을 이루는 것이다. 십자군이란 종교적이기 보다 정치적인 행위이며 이러한 모습은 이미 종교성을 잃어버린 행위인 것이다. 십자군 전쟁의 실패는 현대를 사는 우리들에게 종교란 어떠해야 하는지 깨닫게 해주는 것이다.

토마스 아퀴나스의 생애

1. 토마스 아퀴나스의 일생

토마스 아퀴나스는 1224년 말 이탈리아 아퀴노 지방의 로카세카Roccasecca성에서 이곳의 군주였던 란둘포 디 아퀴노Landulfo de Aquino 백작과 그의 두 번째 부인인 테오도라Theodora 사이의 막내아들로 태어났는데, 이곳은 나폴리 지방에서 약 30km 떨어진 작은 도시였다. 그는 십자군 전쟁 당시에 태어났으며, 아버지는 제국의 정치적 싸움에 휩싸여 있던 인물이었다. 그는 6살에 이미 수도자 지원생으로 몬테 카씨노Monte Cassino에 있는 베네딕토 수도회에 보내졌다. 이후에 그는 나폴리 대학에 입학하게 되는데, 이 대학은 프리드리히 2세가 중세 첫 번째 대학이라고 할 수 있는 볼로냐Bologna 대학에 맞서 경쟁적으로 설립한 대학이었다. 토마스 아퀴나스는 이 대학에서 7자유학을 배웠고, 또한 아리스토텔레스의 자연철학을 배웠다. 그는 도미니코 수도회를 알게 되어 대학 졸업 후 곧바로 19살의 나이로 파리에 있는 도미니코 수도회에 들어가게 된다.

그는 파리대학에서 쾰른Köln 출신의 성 알베르투스 마뉴스Albertus Magnus를 만나게 되고 그의 제자가 되어 자신의 사상체계를 만들게 된다. 그 당시 도미니코 수도회에서는 아리스토텔레스에 대한 사상을 배우는 것을 금하고 있었지만 알베르투스와 토마스는 서로의 긴밀한 관계 속에서 아리스토텔레스 철학에 대해 연구를 하였다. 1256년 교수 자격을 획득하고 도미니코 수도회의 학교에서 1259년까지 강의를 하게 된다. 1259~1261년까지 아나그니Anagni에서, 1261~1265년까지 오르비에토Or-vieto에서, 1265~1267년까지 로마에 있는 성聖 사비나 수도원에서 강의를 하고, 클레멘스 4세에 의해 비테르보Viterbo에 있는 주교청으로 들어가게 된다. 그레고리우스 10세의 명에 따라 1274년 리용에서 열리는 공의회에 참석하기 위해 가는 도중 병이 들었고, 1274년 3월 7일 나폴리와 로마 사이에 있는 포사노바Fossa Nova의 시토 수도원에서 일생을 마치게 된다.

2. 토마스 아퀴나스의 시대 배경

그가 태어나 활동하던 시기는 이슬람교와의 성지 예루살렘을 탈환하기 위하여 벌인 십자군 전쟁 상황 속에 있었기에 정치적으로 혼란기에 있었다. 또한 그가 태어난 당시의 교회와 세속적인 권력 사이의 관계는 무척 복잡하였고, 이것은 그의 의지와 관계없이 그의 전 생애에 큰 영향을 미치게 되었다.

그가 수도자 지원생으로 들어갔던 몬테 카씨노 수도원은 그 당시 큰 권력을 갖고 있던 수도회였다. 이 수도원은 교황청 세력과 세속 왕국인 시실리안의 경계에 있었는데, 이 둘 사이에 분쟁이 심화된 후 프리드리히 2세가 이탈리아로 다시 쳐들어와서 이곳에 있는 수도사와 학생들을 추방하게 된다. 그런데 나중에 도미니코회에 들어가게 될 때 분쟁 속에 있었던 정치적 맥락 속에서 가족의 반대가 상당했다고 한다.

같은 수도회의 수사가 그를 동반해서 파리로 가는 도중 그는 가족들의 치밀한 계획에 의해 그의 형에 의해 납치되어 가족의 성城에 감금되는 사건이 있게 된다. 이런 감금 상태는 1년 정도 계속되었으며, 그의 굽히지 않는 의지로 인해 그는 결국 자신의 뜻을 이루게 된다.

▸ 성 베드로 성당

관계된 글과 그림

중세(中世) 중세라 함은 정치사에 있어서는 서로마제국의 멸망476에서 15세기 문예부흥이 일어났을 때까지 약 천년 동안의 기간을 말한다. 또한 문화사에 있어서 중세란 529년 로마의 황제 유스티아누스가 아테네 대학을 폐쇄한 때부터 15세기 문예부흥이 일어났던 때까지의 기간을 말한다. 많은 사람들이 중세를 암흑시대라고 하는데 그 이유는 두 가지 정도로 생각해 볼 수 있다. 첫째는 서로마제국 북쪽에 자리 잡고 있었던 게르만민족이 남하하여 서쪽 로마문화를 완전히 말살하였기 때문이고, 두 번째는 중세 천년 기간 동안 기독교문화의 우세로 인하여 과학의 발전이 둔화되었기 때문이다.

면죄부(indulgence)* 15세기 말 카톨릭 교회의 레오 10세 교황은 성 베드로 성당이 낡고 허물어져서 수리하기 위하여 제후들에게 돈을 빌리고 그 돈을 변제하기 위하여 자기의 지은 죄를 고백하고 금전이나 재물을 바친 사람들에게 죄를 면하게 해준다. 이것이 면죄부이고, 이 면죄부를 사게 되면 천당에 간다고 하였다. 면죄부는 교황의 이름으로 발행을 하였다. 카톨릭 교회의 교리에서는 고해성사를 통하여 죄를 참회하고 사제의 기도를 통하여 용서를 받게 된다. 그러나 죄의 벌은 남아 있게 되어 선한 행실로 갚아야 한다. 이

---

* 카톨릭교회의 교리적 해석에 따라 면죄부를 면벌부로 바꾸어 번역을 하기도 한다.

러한 교리를 통하여 헌금의 중요성이 강조되어 면죄부가 발행이 되었다. 최초의 면죄부는 11세기 남부프랑스에서 사용되었다. 면죄부의 가격은 평민이 내는 제일 적은 금액이 금화 1플로린이며 직책에 따라서 25배까지 차이 날 수 있었다. 면죄부 발행으로 인하여 루터의 95개조 반박문과 종교개혁의 도화선이 되었고 그 결과 카톨릭 교회는 상당한 타격을 입게 되었다.

▸ 교황이 면죄부를 팔고 있는 그림

마틴루터의 그리스도와 적그리스도(Das Passional Christi und Antichristi)의 삽화

by 루카스 크라나치 데엘 더

Ego
Confessor et pñiarius Monasterij et Capelle btē Marie v
ginis diuinitus consecrate loci heremitarū Cōstan. dyoc. de
putatus pñibus recognosco discretu
dictū locū et Capellā visi
tasse mihiqz sua pctā in forma ecclesie confessū et auctorita
te a sede aplica mihi in hac parte cōcessa iniūcta pnia saluta
ri absolutū in quorū fide pñtes litteras tradidi sigilloqz in
huiusmodi litteris cōsueto signaui. Anno M.cccc.xvi

▸ 1521년 면죄부 부여를 약속하는 고해성사 표

토마스 아퀴나스의 철학과 사상

토마스 아퀴나스는 초대 기독교 신학의 교부들 중에서 대부 격으로 알려진 어거스틴과 다르게 아리스토텔레스의 철학에서 관념론적 요소인 부동의 동자로서 신의 개념을 이용하여 융합적인 사상체계를 받아들이고 신앙과 실제를 통합시키며 중세시대 스콜라철학의 사상체계를 집대성한 학자이다. 그의 사상은 저서인 『신학대전』에 잘 나타나 있다. 그의 입장은 신앙과 이성이 조화를 가지며, 특히 이성을 통하여 신의 존재를 증명할 수 있으며 종교적 진리에 대해서 비판적인 사유를 할 수 있다고 말한다.

1. 존재에 대한 물음

토마스 아퀴나스는 존재하는 것에 대하여 그것이 왜, 그리고 무엇이 존재하는가? 만일 존재한다면 그것이 하나일까 혹은 여러 개일까? 또한 그것이 저것과 무엇이 다른 것일까? 하는 의문을 가졌다. 이러한 존재에 대한 질문들은 무와 유, 일자와 다, 동일성과 비동일성으로 집약할 수 있다. 예를 들어서 인간은 유와 다 그리고 그 종에 속하는 존재양태에 따라 다르게 된다. 형이상학적 인간 존재에 대한 물음은 인간에 대한 일반적인 존재에 대한 물음과 나에 대한 존재의 물음으로 볼 수 있다. 하나의 인간은 자신의 존재에 대한 물음을 통하여 더 나아가 인간이란 무엇일까?라는 물음에 도달하게 된다. 이러한 물음은 내가 분명하게 존재하지만 내가 무엇인가?라는 의문에 근거한다. 토마스 아퀴나스는 인간이란 영혼과 육체의 결합으로 이루어졌으며, 인간 영혼은 육체를 활성화 시키는 원리로 작용을 한다. 그러나 인간의 영혼은 완성된 실체인 육체에는 못 미치는 등급을 가지고 있다고 한다.

2. 인식론

토마스 아퀴나스는 세계가 실제적인 것과 비실제적인 것으로 나누어져 있다고 말한다. 인간은 감각적 기관들을 통하여 실제적인 부분인 자신의 주변 환경과 연결이 된다. 즉 인간은 감각 기관인 시각, 청각, 후각, 미각, 촉각을 통하여 감각적 경험을 하게 된다. 이것을 통하여 실제적인 것과 비실제적인 것을 구별할 수 있다. 그리고 인간은 정신을 통하여 자연 속에서 존재하기에 충분한 이유 혹은 원인을 가지고 있다는 것이다. 이러한 감각적인 관념은 인간이 아주 어린 나이에서 형성된다. 즉 감각적인 경험을 통하여 우리의 정신이 인간, 동물, 무생물의 존재를 확인할 수 있게 된다.

3. 형이상학

토마스 아퀴나스의 형이상학은 플라톤의 참여론과 아리스토텔레스의 가능태-현실태 원리 및 4원인설을 종합하고 있다. 플라톤의 참여론의 기초가 되는 이데아론은 어떤 물체에 대한 이데아가 존재하지만 그 물체의 속성이 없이는 그 물체의 이데아가 될 수 없다는 것이다. 그 물체의 이데아는 인간 마음 안에서 관념으로 그 물체를 만들 수 없기 때문에 실제적으로는 존재 증명이 되지 않는다는 것이 문제점이다. 또한 아리스토텔레스의 가능태–현실태의 원리와 능동 원인설에서 더 나아가 참여론으로 그것을 설명한다. 어떤 물체든 현실에 있는 만큼 존재성을 가지게 된다. 그리고 현실에 있기에 움직이게 된다. 이러한 움직임을 통하여 그 물체가 결과를 나타내게 되면 결과로부터 원인을 추론할 수 있게 된다. 결과의 원인은 현실성에 기초하며, 능동 원인설은 현실과 가능성과의 관계에 있다. 이 세상에서 현실적으로 존재하는 것은 각자의 목적을 가지고 그 목적을 향해 다른 방식으로 자기실현을 한다. 이 세상의 존재들은 각자 능동 원인이 되며 제일 원인이 된다.

4. 신(神)에 대한 논의

토마스 아퀴나스는 창조자 신의 존재 증명에 대한 것은 그리스의 자연 철학자들에게서는 발견되지 않는다고 한다. 그들에게는 '신적인 것' 또는 '신들'이라는 개념은 있지만, 기독교에서 신앙되는 유일신 또는 창조자로서의 신에 대한 개념은 없다. 왜냐하면 자연 철학자들에 따르면 무無에서 어떤 것이 생성될 수 있다는 것은 불가능하기 때문이다. 그들은 무에서는 무만이 나올 뿐이다.ex nihilo nihil fit 따라서 그들에게는 무로부터의 창조라는 개념이 있을 수 없게 된다. 그들은 자연 현상 가운데에서 만물의 근원을 찾았고, 신적인 것은 자연 현상 가운데 있다고 생각했다. 그러나 토마스 아퀴나스에게는 이 세상은 무로부터 창조되었고 하나님은 선 자체이며, 그 선 자체를 위해 자유 의지로 세상을 창조하셨다. 하나님이 세상을 만든 이유는 그의 선을 존재들에게 나누어주기 위함이다.

5. 악에 대하여

토마스 아퀴나스는 악은 선의 결여로 존재할 뿐이므로 그것은 창조된 것일 수 없다고 말한다. 하나님은 자신의 선을 피조물들에게 나누어 주기 위해서 세상을 창조했고, 이 세상에 존재하는 악은 부수적인 것이며, 그렇기에 어떤 완전한 존재도, 속성도 가질 수 없다. 만일 어떤 사람이 부도덕한 일, 예컨대 불륜을 저지른다면, 그가 악 또는 죄 그 자체를 원하는 것이 아니라 악을 포함하고 있는 행위의 감각적인 쾌락을 원하고 있는 것이라고 한다. 비록 인간은 자유의지가 있고 인간이 죄를 짓지 않는다는 것은 사실 불가능하지만, 하나님이 악을 허용했다고 말할 수 없다고 한다.

6. 의도와 윤리에 대해서

토마스 아퀴나스는 인간의 행위에 대한 결과에 대해서 의도가 본래 원했던 것과 다른 것일 수 있는 것에 대해서 이야기한다. 사실 행위의 의지와 결과에 대한 물음은 초기 스콜라 학파에 있어서 매우 논란이 있었다. 이것은 죄가 행위가 있기 전 의도 안에 있는 것인지 혹은 외적으로 드러나는 결과에 따른 행위에 있는 것인지에 대한 논의이다. 사실 우리가 했던 행위는 드러나는 외적인 행위에 놓여있으며, 그것을 통하여 판단한다. 그러나 그에게 악함은 언제나 의도에 먼저 놓여 있다. 또한 그는 윤리적 행위로서 자유의지를 말하고 있으며, 그 사상의 근저에는 다분히 결정론적 요소가 깔려있다. 또한 개별적 덕성에 관한 문제에 있어서는 아리스토텔레스의 지혜, 용기, 절제, 정의 4덕을 받아들이면서 여기에 더하여 믿음, 소망 사랑이라는 3가지의 기독교적 윤리를 첨가하였다. 인간이 가져야 할 선의 모습은 이성이 진리를 인식하여 완전을 향하며 인간의 욕구를 이성이 가리키는 방향을 따라갈 수 있도록 하는 데 있다. 또한 선한 인간이란 행동하기 전 훌륭한 선한 의지를 지닌 사람이다.

7. 행복에 대하여

토마스 아퀴나스는 인간은 의지의 대상인 선을 달성할 때 행복을 느낀다고 말한다. 그러나 인간의 특수한 목적으로는 그것을 만족시킬 수 없으며, 인간의 보편적 목적으로만 만족을 할 수 있다. 그러한 보편적인 선이란 재물 속에 있을 수 없으며, 감각적인 쾌락, 권력에 있을 수 없다. 아리스토텔레스의 경우에는 사람이 추구하는 선이 사변적 철학의 연구에 있지만, 그가 말한 행복은 불완전한 것이었다. 그는 완전한 행복, 즉 궁극적 목적은 어떠한 피조물에서도 발견되지 않으며, 단지 최고의 무한한 선인 하나님 안에서만 찾아지는 것이라고 말한다.

8. 인간관

아리스토텔레스는 영혼과 육체의 단일성을 강조하면서도 인간에게 고유한 정신을 구별했다. 그러나 토마스 아퀴나스는 아리스토텔레스의 용어와 정신을 수용하면서도 그리스적 이원론을 완전히 극복하지 못했던 그의 입장을 교정하여 인간의 단일성을 강조하는 히브리적 관점과 상응하는 인간관을 이야기한다. 그는 인간은 두 개의 실재로서 구성된 존재가 아니라 구체적으로 하나요, 전체적 영혼의 실재이며, 영혼은 육체를 통해 현실적으로 존재한다. 영혼과 육체가 통일되어 있음은 영혼이 그 본성에 따라 활동할 수 있기 위해서다. 육체는 부정적으로 생각되지 않으며, 인간 정신은 육체를 통하여 진리를 발견하고 선을 사랑할 수 있게 된다. 사후에 육체로부터 분리된 영혼은 마지막 날에 육체의 부활을 통하여 다시 자기 몸과 합쳐지게 되고, 구원 또는 영벌을 받게 될 것이다.

9. 통합적인 윤리관

인간이 참된 도덕적 인간으로 성장해 가기 위한 윤리적인 행위의 가장 기본적인 조건은 주관적인 기준인 자신의 양심에 따라서 행동해야 한다는 것이다. 개별 행동의 결정에서만이 아니라 올바른 양심 형성에서 결정적인 역할을 하는 것이 바로 객관적인 선의 기준이다. 인간이 이성적인 본성에 맞도록 행위해야 하는 목적론적인 선, 보편적으로 통용될 수 있는 법칙에 따라야 한다는 의무론적인 선,

▸ 토마스 아퀴나스

보다 높은 도덕적 가치를 선택해야 하는 가치론적인 선 등은 도덕적 인간이 될 수 있는 길을 제시해 준다. 인간을 성숙시켜 주는 윤리적 행위란 단순한 일반 법칙의 적용이 아니라, 각 개인의 구체적인 상황 속에서 객관적인 선의 기준에 따라 이성적으로 판단하고 주관적인 기준인 자신의 양심 안에서 신중하게 결정함으로써 이루어진다고 한다.

토마스 아퀴나스의 리더십

토마스 아퀴나스는 고대 철학자인 아리스토텔레스가 플라톤의 이데아 사상을 이어받아 정신과 실제의 융합적인 철학 사상을 전개했던 것을 더욱 심화시켜 중세의 변증신학인 스콜라철학을 완성시킨 위대한 사상가였다. 그는 초대 교부였던 아우구스티누스의 초대

기독교 신앙 중심적인 사상을 바탕으로 신앙과 학문의 종합을 이루어내었던 학자이다. 그의 철학과 사상을 통해 지도자로서 알려준 교훈은 로마 카톨릭교회 및 기독교에서뿐만이 아니라 현대를 사는 우리들에게 주는 시사점이 크다고 하겠다.

1. 자유의 리더십

한 인간이 이 땅에 태어나 육신을 입고 지구에 사는 동안 물질에서 떠나 자유로울 수 없다. 그러나 토마스 아퀴나스는 그의 행복론을 통하여 자신이 가지고 싶은 물질에 대해 진정으로 자유로울 때 행복에 이를 수 있다고 말한다. 그는 행복이란 보이는 것을 소유하는 것에 있지 아니하고 보이지 않는 신과 함께 있을 때 행복이 온다고 말한다. 이러한 말은 현대를 사는 지도자에게 많은 의미를 생각해 보게 한다. 자본주의 사회의 중심이 되는 물질을 멀리하기 어려운 현실 속에서 한 국가 혹은 집단을 이끄는 지도자란 물질보다 더 높고 심오한 가치관을 위하여 자유롭게 매진하는 사람이 되어야 한다는 것을 말해준다.

2. 선한 의도의 리더십

토마스 아퀴나스는 인간의 의도에 대한 중요성을 이야기한다. 즉 인간의 행위가 나쁘게 의도하지 않았는데 결론은 나쁘게 된다든지, 혹은 좋게 의도하지 않았는데 좋은 결말을 얻게 된다. 그는 원래의 의도와는 상관없이 정반대의 결과를 얻게 되는 것에 대해서 그럴지라도 인간의 의도가 중요함을 이야기한다. 이러한 선한 의도란 지도자에게 꼭 필요한 조건이라고 여긴다. 한 집단이나 그룹을 이끄는 지도자는 그 구성원들을 위해 선한 의도를 가지고 리더의 역할을 해야 한다. 많은 사람을 인도하는 지도자가 악한 의도를 가지고 있다면 그것은 이미 불행으로 가는 배를 타고 있는 것이다.

학습문제

01 십자군 전쟁에 대한 것으로 맞지 않는 것은?

① 이스라엘탈환 ② 예루살렘탈환

③ 200년간 시행 ④ 8차 전쟁

02 토마스 아퀴나스가 태어난 나라는?

① 프랑스 ② 이탈리아 ③ 스위스 ④ 그리스

03 토마스 아퀴나스의 사상이 아닌 것은?

① 무로부터 창조 ② 영혼합일

③ 이데아 ④ 행복은 신 안에 있다

04 토마스 아퀴나스의 저작은?

① 고백록 ② 신학대전 ③ 계시록 ④ 천로역정

05 면죄부의 중심이 된 성당은?

① 파리성당 ② 피렌체성당

③ 성 베드로성당 ④ 바울성당

학습문제

06 십자군 전쟁은 누구와 싸움을 한 것인가?

① 로마 ② 마케도니아 ③ 이슬람교 ④ 기독교

07 면죄부의 가장 적은 가격은?

① 금화 1플로린 ② 1달란트 ③ 1페소 ④ 1달러

08 토마스 아퀴나스의 철학사상이 아닌 것은?

① 인식론 ② 범죄론 ③ 행복론 ④ 의도론

09 아퀴나스가 말한 최고의 행복은?

① 돈을 많이 버는 것 ② 책을 많이 읽음

③ 신과의 합일 ④ 기도를 하는 것

10 아퀴나스의 리더십 중 잘못된 것은?

① 선한 의도 ② 지구한 가치

③ 행복추구 ④ 금전의 추구

참고문헌

김춘오(2009). 토마스 아퀴나스의 형이상학. 서울: 누멘

로버트 오도넬(2000). 쉽게 쓴 토마스 아퀴나스 철학. 이재룡 역. 서울: 카톨릭대학교출판부.

박경숙(2004). 중세와 토마스 아퀴나스. 서울: 살림.

신재식(2008). 아우구스티누스 & 아퀴나스. 서울: 김영사.

양명수(2014). 토마스 아퀴나스 신학대전 읽기. 서울: 세창미디어.

이남인(2011). 서양철학의 이해. 서울; 서울대학교 출판문화원.

장욱(2003). 토마스 아퀴나스의 철학. 서울: 동과서.

코플스톤, F.C.(1984). 토마스 아퀴나스. 강성위 역. 서울: 성바오로출판사.

토마스 아퀴나스(2014). 신학대전 1,2. 정의채 역. 서울; 바오로딸.

토마스 오미어리(2002). 신학자 토마스 아퀴나스. 이재룡 역. 서울: 카톨릭출판사.

Chesteron, G.K.(1984). 성 토마스 아퀴나스. 박갑성 역. 서울: 홍익사.

Kenny, A.(1986). 토마스 아퀴나스. 강영계 외 역. 서울: 서광사.

O`Donnell, R.A.(2000). 쉽게 쓴 토마스 아퀴나스 철학. 이재룡 역. 서울: 카톨릭대학교 출판부.

O`Meara, T.F.(2002). 신학자 토마스 아퀴나스. 이재룡 역. 서울: 카톨릭.

Pieper, J.(1995). 토마스 아퀴나스 그는 누구인가? 신창석 역. 왜관: 분도출판사.

Tomas, A.S.(2005). 신앙의 근거들. 김율 역. 서울: 철학과 현실사.

Tomas, A.S.(2008). 신학요강. 박승찬 역. 파주: 나남.

Tomas, A.S.(2013). 영혼에 관한 토론문제. 이재룡 역. 파주: 나남.

Tomas, A.S.(2005). 자연의 원리들. 김율 역. 서울: 철학과 현실사.

Weisheipl, J.A.(1998). 토마스 아퀴나스 수사. 이재룡 역. 서울: 카톨릭출판사.

참고문헌

고해성자표와 루카스의 삽화 사진 – 위키백과

https://ko.m.wikipedia.org/wiki/%EB%8C%80%EC%82%AC_(%EA%B0%80%ED%86%A8%EB%A6%AD)

성 베드로성당 사진 – 네이버 지식백과

http://terms.naver.com/entry.nhn?docId=2083596&cid=44411&categoryId=44411

‖ 저자 소개 ‖

저자 김 영 훈

학력 - 고려대학교 교육학과 대학원 박사 졸업(Ph.D. 교육철학 및 교육사학 전공)
McMaster University(Canada) 대학원 석사 졸업

경력 - 고려대학교 교육문제연구소 연구교수(현재)
백석대, 동양대, 대진대, 호서대, 세종사이버대, 순천향대 외래교수(현재)
감리교신학대, 백석문화대, 경북전문대 외래교수 역임

영어논문 - A Solution for Great Peace in agape of Luke`s Gospel
The Leisure as Educational Meaning in Jesus' Life

한글논문 - 누가복음 선한사마리아인의 비유에 나타난 아가페의 교육적 의의
노자의 무위와 예수의 케노스에서 본 교육적 함의
유교의 충서와 기독교의 아가페에서 본 대안교육의 원리
누가복음에 나타난 아가페의 교육적의의
유교의 충서를 통해 본 다문화교육의 원리
농암 김창협의 학문 수용과 지각론

E-mail: younghoonkim2002@gmail.com

그림 김 성 완

1997년 7월 11일생
현재 미술 디자인전공

E-mail: kimsuwan99@gmail.com

역사 속 현자들의 리더십이야기

초판인쇄 2016년 2월 20일
초판발행 2016년 2월 25일

지은이 김영훈
펴낸이 안상준

편 집 전채린
기획/마케팅 이영조
표지디자인 김문정
제 작 우인도·고철민

펴낸곳 (주) 박영story
서울특별시 마포구 월드컵북로 400, 5층 2호(상암동, 문화콘텐츠센터)
등록 2014. 2. 12. 제2014-000009호
전 화 02)733-6771
f a x 02)736-4818
e-mail pys@pybook.co.kr
homepage www.pybook.co.kr
ISBN 979-11-87010-01-2 03370

정 가 18,000원

박영스토리는 박영사와 함께하는 브랜드입니다.